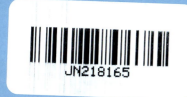

小・中学生のための

運動会で1位になる

速くなる走り方教室

著 堀籠 佳宏
[日本代表短距離コーチ]

KANZEN

1週間で確実に速くなる! 堀籠式理想のフォーム

12歳までの子どもは、運動神経の発達が著しい時期なので、いろんな運動経験と正しい走フォームの習得によって、速く走ることが可能です。それらを本書で身につけ、子どもの可能性を最大限に引き出してあげましょう。

快足ポイント!
三角足で効率的に足を動かす （➡P30へ）

快足ポイント!
すぐに動き出せるスタート姿勢を （➡P38へ）

走り方のポイント

理想はスーパーボールのような走りを目指そう！

空気の抜けた
柔らかいボールは弾まない

スーパーボールはよく弾む

⬇

正しい姿勢や体幹が大切！

⬇

体全体を
スーパーボールのようにする

快足ポイント!

上手に腕を振って速く前に！

(➡P26へ)

はじめに

たとえ運動が苦手な子でも、コツさえ身につけば速く走れます！

走ることは運動の基本です。

運動にはコツがあり、運動が苦手と思っている子でも、ただそのコツを知らないだけかもしれません。

実は、私が中学1年生のときに初めて出場した100m走の試合の結果は、100人中80位くらいでした。

そこからオリンピックに出場するという夢を持ち続け、実際にオリンピックの舞台に立つことができました。私の可能性を信じて、その時々に適したトレーニングを提供していただいた指導者・先生方にはとても感謝しています。

また、くじけそうなときや諦めそうなときもたくさんありましたが、つらいときこそ、仲間や家族が支えてくれました。

子どもたちは誰もが無限の可能性を秘めています。最近の研究結果では、12歳までの運動体験が運動神経を発達させることがわかっています（→P10へ）。

現在、お子さんに運動に対する苦手意識があるのなら、本書を手に取った今は絶好のチャンスです。本書では、運動会までの1

週間で走り方が上達するトレーニングをはじめ、楽しく運動能力がつくトレーニングを数多く紹介しています。

スポーツの本質は「楽しみ」です。多くの子どもたちに少しでも走ることが好きになってもらい、生涯にわたってスポーツを楽しんでほしいと願っています。

これまでの常識を一変！

堀籠式の走り方はここが違う!!

最新の研究によって、これまで定説とされてきた走り方やトレーニングでは、速く走られないことばかりか、成長に悪影響があることがわかってきました。正しい知識を学んでいきましょう。

これまでの考え方	✕	つま先で走る 前に大きくスライドを伸ばして走る
堀籠式の考え方		つま先走りはケガのもと！ 接地する場所を重心の真下に近づけるのがポイント

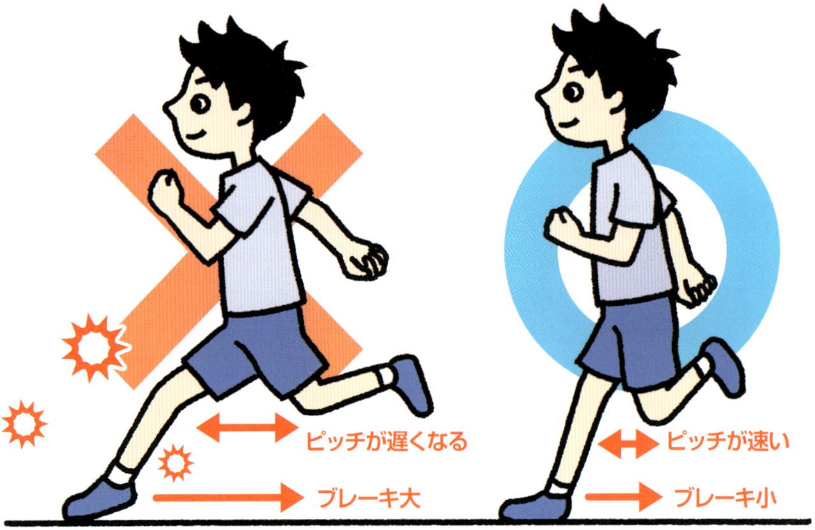

ピッチが遅くなる
ブレーキ大
ピッチが速い
ブレーキ小

つま先接地はブレーキ動作とケガのもと。重心になるべく近い場所で接地することが大切。

これまでの考え方

✕ 前足側の骨盤を
前に出して
スライドを伸ばす

従来の真上から見た骨盤の動きのイメージ

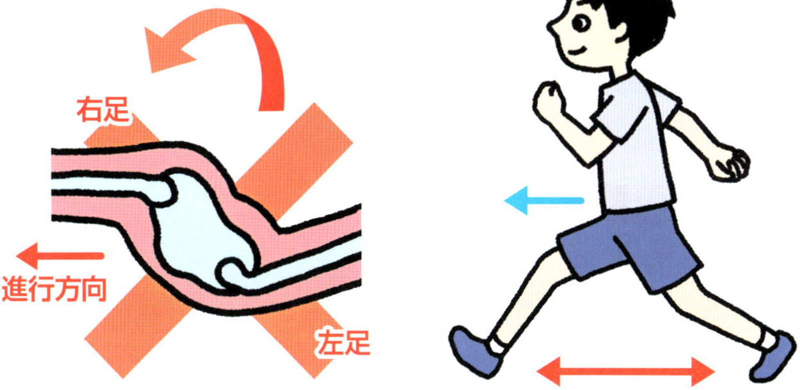

堀籠式の考え方

逆に後ろ足側の骨盤を
すばやく前に持ってくる

最新の真上から見た骨盤の動きのイメージ

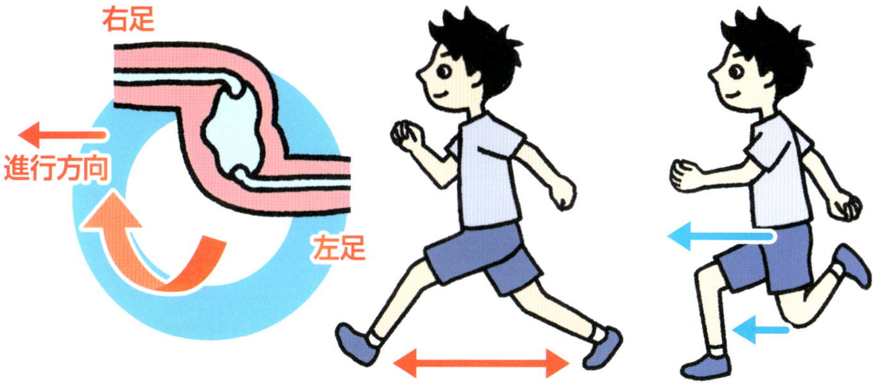

後ろ足側の骨盤を早いタイミングで前に持ってくると、振り子のようにスライドが伸びる。

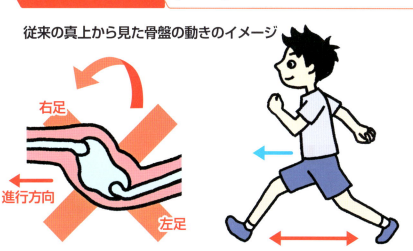

これまでの考え方	✕ 地面を強く蹴って走る
堀籠式の考え方	地面を「プッシュ」するように走る

地面を蹴るような走り方

地面を「プッシュ」した走り方

地面を蹴る動作は、足首の関節を伸展させ、推進力にはつながりません。

ちなみにつま先の軌跡は……

地面を蹴るような走り方

地面を「プッシュ」した走り方

地面を蹴ると、足が後方に流れて回転が遅くなる。体の後方での足の動きは最小限が理想。

これまでの考え方

× ももを高く上げて走る

堀籠式の考え方

**日本人の骨格では
ももを上げても進まない**

←もも上げは、上に行きたい場合のみ有効。走るときは前に行きたいので、もも上げは不要。

→正しい足の動きの結果として、ももが上がるという思考の方向に転換しよう。

これまでの考え方

**× ひじを90度に曲げて
腕を前後に大きく振る**

堀籠式の考え方

**後ろにはあまり振らず、骨盤の
横の太鼓を叩くイメージで
少しだけ伸ばす（➡P26へ）**

← 90 度にひじを曲げたまま腕を後ろに大きく振ると、肩や背中に力が入りフォームが乱れる。

→前に出す腕は、まっすぐ前を向いたとき、手が視線に入る程度に上げよう。

知っておこう!

運動神経は12歳までの運動体験がカギ!

スキャモンの発育曲線

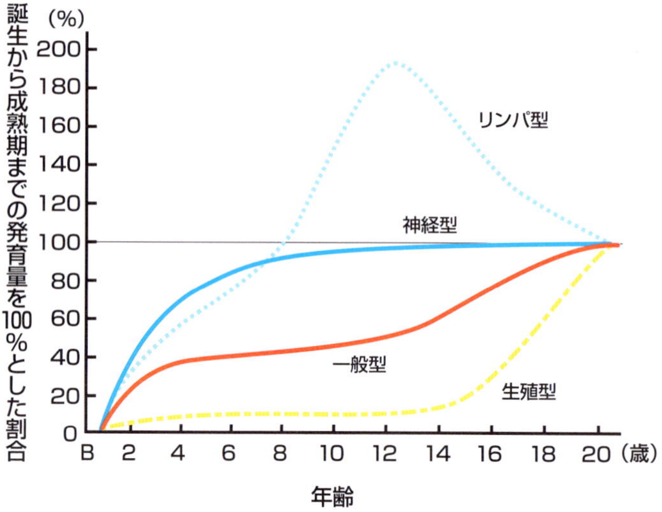

体の発達に合わせた運動体験をさせよう

生涯の中で、最も運動能力が向上する時期を「ゴールデンエイジ」といいます。人の成長具合を表した上図の「スキャモンの発育曲線」で説明していきましょう。

「プレ・ゴールデンエイジ」と呼ばれる3～8歳までの時期は、神経系（上図の青色の実線）の発達が目覚ましい時期です。脳をはじめ、さまざまな神経回路が形成されていきます。しかも、神経系は一度その経路ができあがると生涯に渡って活躍します。

より多くの神経回路を張り巡らせるには、遊びの要素を含む多彩なアクティビティを与えることがカギとなります。P11の図

体力の発達

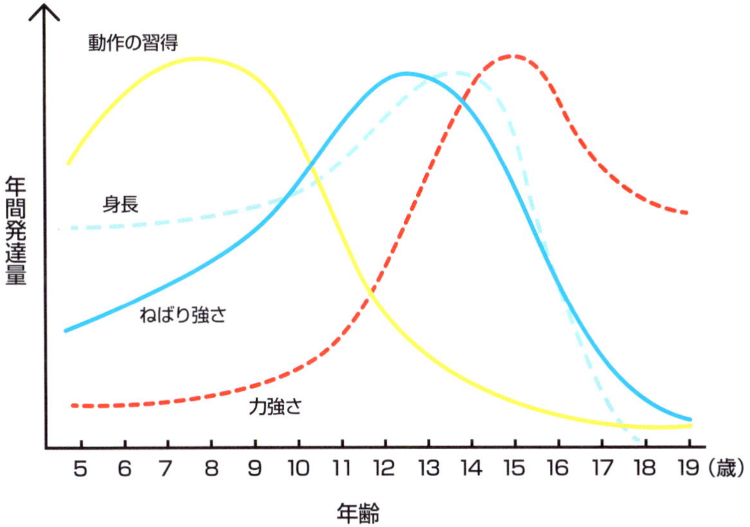

の「体力の発達」からもわかるように、動作の習得にもいい時期です。多種多様な動きをたくさん経験させましょう。

そして9～11歳の「ゴールデンエイジ」期は、持久力が発達し、見たまま感じたままのイメージに従って体全体で技術を吸収していくスペシャルな時期です。この時期の運動神経の発達を逃してしまうと、どんなに練習しても運動神経や運動テクニックを身につけることは難しくなります。

いっぽう、「ポストゴールデンエイジ」と呼ばれる12歳になると、神経系が成熟し、発達が止まってしまいます。筋肉や骨格が発達するこの時期は、筋肉をつけながら戦術を身につけるなど、頭を使って上達していく時期なのです。

つまり、12歳までに運動神経はつくられるということです。12歳までにたくさんの感覚と技術、経験を積ませてあげましょう。

もくじ

1週間で確実に速くなる！ 堀籠式理想のフォーム 002

第1章 1週間で速くなろう！ 021

堀籠式トレーニングの進め方（本書の使い方）

1 まずはウォーミングアップをしよう！

第4章
ウォーミングアップに取り入れたい運動（➡P87～）へ

2 運動会までに短期間で速くなりたい！

第1章
１週間で速くなろう！（➡P21～）へ

3 もっと速く走るには？

第2章
速く走るためのトレーニング（スプリントドリル）（➡P45～）へ

第3章
走る体をつくる複合的なトレーニング（➡P67～）へ

第5章
スポーツが得意になる体をつくろう（➡P115～）へ

④ 快足ポイント！
押さえておきたいトレーニングのポイントを紹介しています。

③ ステップ図解
足の運び方を図解で紹介しています。

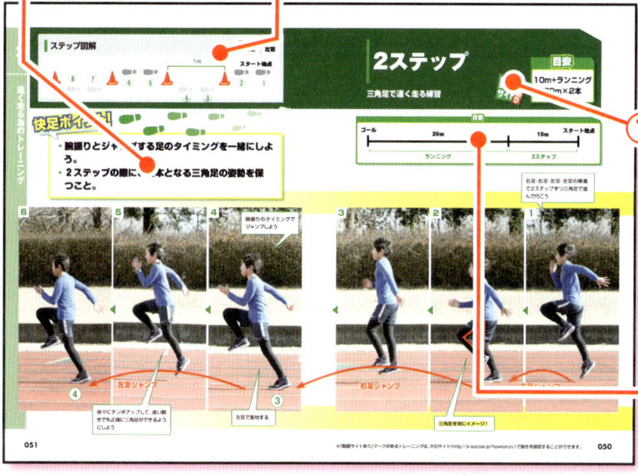

① 動画サイトあり
このマークがあるときは、本書特設サイト（http://jr-soccer.jp/howtorun/、もしくは下の QR コード）から、動画で動きを確認することができます。

② 目安
トレーニングを行うときの目安となる回数や距離です。

4 お父さんお母さん必読！教え方のコツ

第6章
楽しさが重要！ 子どもへの教え方（➡P133～）へ

練習の前に 1

シューズの選び方

シューズは、かかとがすり減ってきたり、左右で形が違ったりしてきたら交換時期。

大きめのシューズは×
フィットしたものを選ぼう

子どもの靴は成長とともにすぐ小さくなるので、購入時は大きめを選びがちです。しかし、1センチ以上隙間があくシューズは足によくありません。5~8ミリくらいのゆとりがあるものを選びましょう。

選び方と同じくらい注意したいのが、履き方や脱ぎ方です。マジックテープをつけたままや、ひもを緩めないまま脱ぎ履きするのは、シューズの痛みを早くします。履くときにつま先でトントンするのもNG。シューズはかかとで合わせて履きましょう。

そして、すべてのひもを緩めてから足にフィットさせるように締めましょう。

練習の前に 2

ウォーミングアップをしよう

**手足のタイミングを合わせる
同調運動やアクティブストレッチなど
バラエティ豊富に紹介！**

くわしくは第4章へ

手足を一緒に動かす、同調運動の「8の字アーム歩行」（→P98）。

テンポよくやるのが楽しい、アクティブストレッチの「リズム」（→P108）。

練習が楽しみになるウォーミングアップを

実際に、22ページからの練習をはじめる前に、必ずウォーミングアップを行いましょう。いきなり練習をはじめても体が重いままで、うまく動かすことはできません。

ウォーミングアップには、運動能力を引き出す効果があるのはもちろん、ケガの予防と運動に対する心の準備にもなります。

ウォーミングアップのひとつにジョギングがありますが、子どもにはおすすめしません。子どもにとってジョギングはただ目的もなく走ることで、楽しくありません。ぜひ、87ページからのウォーミングアップをして、練習の期待感を高めましょう。

練習の前に 3

タイムを計ろう!

ストップウォッチを押すタイミングでもタイムは異なります。タイミングを統一すること。

できるかぎり同じ条件で計ること

走るタイムは環境に大きく影響します。土のトラックとゴム製のトラックでは、同じように走っても1秒近く差が出ることもあります。できるだけ同じ条件で記録を測定することを心がけましょう。

それから、風の強さや向き、気温などによってもタイムは大きく変わってきます。ですので、そのときの記録に一喜一憂せずに、定期的に測定を行い、長い目で成長をみてあげることが大切です。

また、ストップウォッチを押すタイミングも、「ドン」と同時に計測するなど統一するようにしましょう。

第1章

1週間で速くなろう!

運動会でかっこよく速く走りたい！
そんな希望を叶えるために、運動会までの1週間で
速くなれるトレーニングメニューを作りました。
ポイントを押さえて、運動会に備えましょう！

1日目

正しい姿勢を身につけよう

正しい姿勢は すべての動きの基本！

速く走るには、まず正しい姿勢を身につけることが何より重要です。背中が丸まっていたり、腰が反っていたりなどの悪い姿勢のままでは、正しいフォームで走ることはできません。

すべての動きの基本となるのが正しい姿勢なのです。頭から足までまっすぐに立てるように、普段から常に正しい姿勢を意識しましょう。

快足ポイント！

- まっすぐ立つ
- 正しい姿勢をキープ

○ 正しい姿勢

顎を引き、頭頂部からくるぶしまで一直線になるように立つ

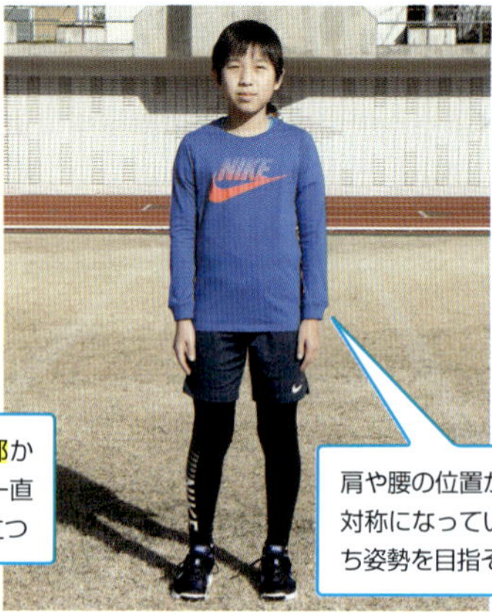

肩や腰の位置が左右対称になっている立ち姿勢を目指そう！

× 悪い姿勢

胸を張りすぎて、反り腰にならないようにも気をつけよう。

猫背や、肩が前に丸まる巻き肩になっていないか注意！

正面から見て、片方の肩が下がっているのはNG。

白樺のポーズ

正しい姿勢が作れる

目安　自然にできるまで

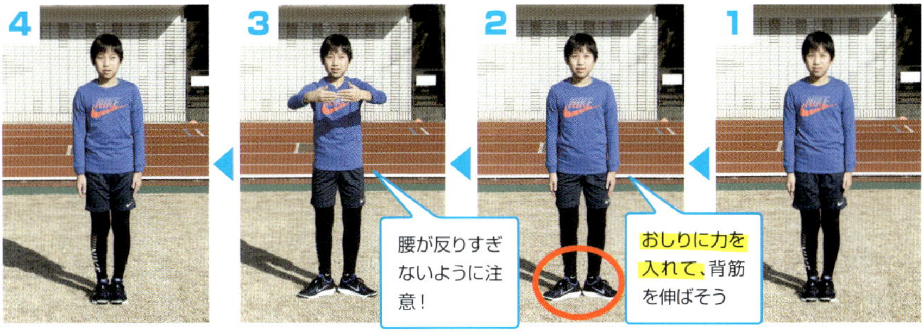
4
3
2
1
腰が反りすぎないように注意！
おしりに力を入れて、背筋を伸ばそう

1 まず直立姿勢になる。

2 かかとはつけ、無理はしない程度につま先を開く。

3 両腕を体の前で大きな木を抱くように構える。

4 つま先を元に戻し、ゆっくり手をおろす。

腕を後ろ回しして直立姿勢

正しい姿勢が作れる

目安　自然にできるまで

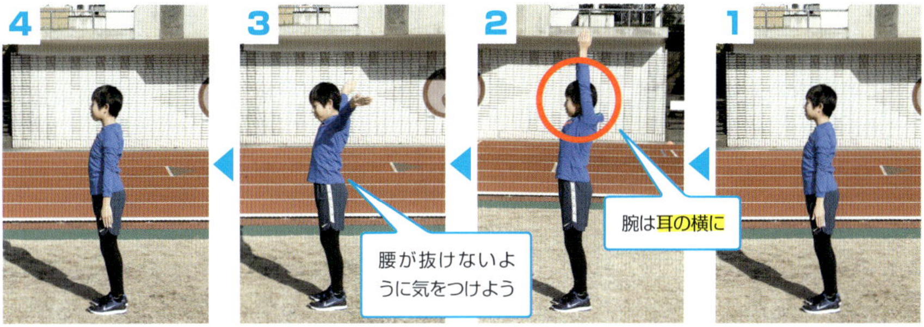
4
3
2
1
腕は耳の横に
腰が抜けないように気をつけよう

1 まずまっすぐに立つ。

2 両腕を上げて一直線にする。

3 手はできる限り大きく後ろに回す。

4 直立姿勢に戻る。

2人組リバウンドジャンプ　動画サイトあり

正しい姿勢の確認

目安　10回程度

3
2
1
弾む感覚がわかったらOK

1 ペアになって、後ろの人は前の人の肩をつかんで立つ。

2 前の人がジャンプしたら、後ろの人は肩を地面の方向に強く押してあげる。

3 正しい姿勢ができていると、力を使わなくても高くジャンプできる。

※『動画サイトあり』マークがあるトレーニングは、次のサイト（http://jr-soccer.jp/howtorun/）で動きを確認することができます。

1日目

正しい姿勢を保持しよう！

「走る」は「立つ」の動作の延長線上にあります。なので速く走るには基本の姿勢を保つことがとても大切。また、走りはバランス操作の連続です。片足になってもバランスを崩さないようにしましょう。

片足バランス	姿勢とバランス感覚	目安 左右20秒

○ 正しい片足バランス姿勢

レベルアップ!

フラフラしなくなったら、目をつぶって１分間チャレンジしてみよう

姿勢は垂直に保ち、つま先は下げないように注意。反対の足も同様にやろう。

まっすぐに立った状態から、片足を上げて90度に曲げる。

× 悪い片足バランス姿勢

前や後ろに体が倒れないようにして、つま先は下げないこと。

バランスが取れても、悪い姿勢では意味がありません。

バランスが取れず、体がフラフラと傾かないようにする。

身体軸づくりからの前倒し

身体軸とバランス感覚

目安 左右ゆっくり3〜5回

1

左足の甲を左手でつかんで立ち、右手は一直線になるように上げる。

2

手の軌道は一直線

そのままゆっくりと、まっすぐに前屈しよう。フラフラしないよう注意。

3

軸足のひざが曲がらないように注意

軸になっている右足つま先の延長線上の地面に右手をつけよう。

片足連続ジャンプ

カーブ走でのバランスのとり方の練習

目安 左右10回

1 その場で

1

両腕は腰に当てて立ち、片足を上げてひざを90度に曲げる。

2

ジャンプ

その場でジャンプする。慣れてきたら高く跳ぼう。

3

腰を高く保ち、リズムよく

最初と同じ位置に着地するように気をつけること。

2 横へジャンプ移動

1

ジャンプ

両腕を腰に当て、片足を上げて立ち、上げた足の方向にジャンプ。

2

体が支持足方向に倒れないようにする

着地するときは、身体軸をくずさないように上から接地しよう。

レベルアップ!

できるようになったら、マーカーなどの目印を置いて、徐々に移動距離を伸ばそう

2日目

正しい腕振りを覚えよう

上手な腕振りで速く前に進もう!

腕を上手に使うことが、速く走るポイントになります。上半身はリラックスした状態で、腕振りで体をリードするイメージを持ちましょう。

手を「グー」に握ると、背中が曲がり、肩に力が入ってしまいます。そのため手は、生卵が割れないように軽く握るイメージで腕を振りましょう。後ろに振りすぎないのも大切です。

快足ポイント!

- 手は生卵を持つイメージ
- 腕は後ろに振りすぎない

○ 正しい腕振り姿勢

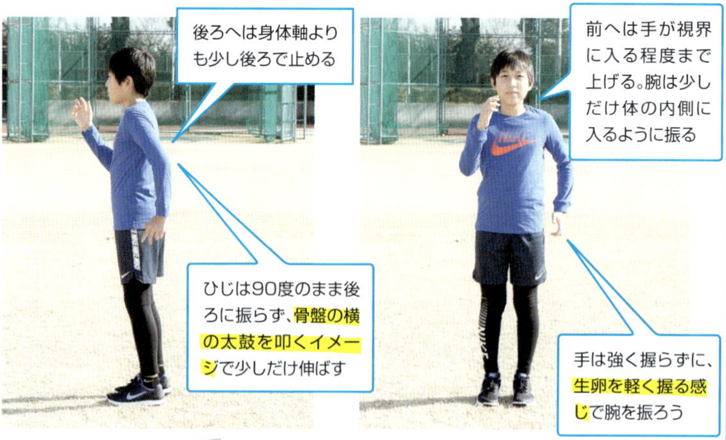
後ろへは身体軸よりも少し後ろで止める
ひじは90度のまま後ろに振らず、骨盤の横の太鼓を叩くイメージで少しだけ伸ばす
前へは手が視界に入る程度まで上げる。腕は少しだけ体の内側に入るように振る
手は強く握らずに、生卵を軽く握る感じで腕を振ろう

× 悪い腕振り姿勢

後ろに手が伸び切ってしまう。

顔から遠いところで腕を振ってしまう。

ひじを90度のまま後ろに振ると肩が上がる。

手を握って、腕を横に振らないこと。

その場ジャンプ

腕の使い方を学ぶ

目安
10回→高いジャンプ3回→前後ジャンプ10回

1

腕は下から上に使うタイミングでジャンプしよう。

2

ジャンプ

連続で10回跳んだら、次は高く3回ジャンプ！

3

高くジャンプ

正しく腕を振ることで高く跳べる感覚を身につける。

4

前後にジャンプも10回やろう

着地したときは次のジャンプができる姿勢に。

1・2・3ジャンプ

腕の使い方を学ぶ

目安
左右3回ずつ

1

1のカウントで、まず正しい腕振りポーズで、左腕を前に出す。

2

反動で腰を振らないように注意！

2のカウントで、今度は右腕を前に出そう。

3

上へジャンプ

3のカウントで、空中で腕から足まで一直線になるようにジャンプ。

1・2・3回転ジャンプ

腕の使い方を学ぶ

目安
左右3回ずつ

1

1のカウントで、まず左腕を前に出す。

2

2のカウントで、今度は右腕を前に出そう。

3

一回転
左腕を斜め方向に引き上げて、腕主導で体を導こう

3のカウントで、右回りで回転ジャンプ！

4

地面に手をつかないように着地しよう。

リラックスランニングとは？

正しい姿勢を保ったまま、肩回りをリラックスさせて行うランニングのこと。スピードはゆっくりでいいので、正しい腕振りの動きを意識して走ろう。

リラックスランニング	正しい腕振りを意識	目安 50〜100m

1
前を見る
目線は前方へ
2
正しい腕振りを意識しよう
3

Close up!

手は生卵を軽く握る感じ

手を「グー」にして強く握ってしまうと、肩に余計な力が入ってしまいます。手のひらに生卵を乗せてやさしく握るイメージで腕を振るのが正解！

快足ポイント!

- 正しい腕振りを意識して走る。
- 目線は前方。
- 弾む感覚でゆっくり走ろう。

6
5
4
スーパーボールのように
弾むイメージで走ろう

Close up!

腕は後ろに大きく振らないこと

腕を後ろに大きく振ると、足が後ろに流れてピッチが落ちてしまいます。後ろに振るのは、身体軸の少し後ろまででOK。ひじは90度ではなく、少しだけ伸ばそう。

正しい足の動きを覚えよう

効率的に足が動かせる「三角足」を身につける

スプリント（短距離走）の基本となるのが、「三角足」です。この三角足を身につけると、無理や無駄のない効率的な足の動きができるようになります。

三角足は、上げた足のひざと足首をそれぞれ90度にして、横から見たときに、足で三角形ができているフォームです。体が覚えるまで、左右の足とも何度も繰り返しましょう。

快足ポイント!

- スプリントの基本！
- 横から見て足で三角を作る

○ 正しい三角足姿勢

上げた足のひざと足首は90度に
足で三角形をつくる
上げた足のくるぶしは、軸足のひざの少し下の位置に
軸足はまっすぐに伸ばし切らないで、ほんの少しひざを曲げること

× 悪い三角足姿勢

後ろに傾かない。上げた足のくるぶしの位置にも注意。

つま先が下がらないように気をつけよう。

猫背になったり、前傾しないように正しい姿勢を意識。

引きつけ三角

三角足を身につける

目安 左右10回ずつ

1

まっすぐ

左手を上げ、左足を後ろに伸ばし、一直線になるようにして構えよう。

2

足の裏を見せないように、かかとをお尻に引きつけるイメージ

最短距離で三角足のポーズを作る。

三角歩行ドリル

三角足を身につける

目安 10m程度

正しい姿勢

1

まず片足を上げて、基本となる三角足をつくろう。

2

足の裏のスタンプを押すように、足裏全体で地面をプッシュ！

上げている足を地面と垂直になるまでスイングする。

3

プッシュ

地面に対して体全体でプッシュするようにしよう。

悪い姿勢

身体軸から離れすぎたところや、かかとから接地しないこと。

つま先から地面に着いてもNG。足裏全体がつくようにしよう。

体が後ろに倒れると、地面を上手にプッシュできないので注意。

三角ランニングとは？

三角足を意識して走るランニングのこと。
前ページで紹介したの三角歩行ドリルから、
続けてこの三角ランニングを行うとスムーズにできておすすめ。

三角ランニング 動画サイトあり | 三角足を身につける | 目安 30m程度

3
2
1
マーカーで一歩の目安があると走りやすい
三角足を意識しよう！

Close up!

三角足を意識しよう！

走っているときも、三角足ができていることを意識して走ること。軸足は伸ばし切らないで、曲げているほうの足のくるぶしは軸足のひざの少し下にくるように走ろう。

※『動画サイトあり』マークがあるトレーニングは、次のサイト（http://jr-soccer.jp/howtorun/）で動きを確認することができます。

快足ポイント!

- 三角足を意識しながら走る。
- 足で地面を蹴らないこと。
- なるべくすぐに三角足を作るイメージ。
- ゆっくり走ってOK!

6
5
4
地面は蹴らないで走ろう
体の中心より後ろの足の動きは最小限にすること

Close up!

プッシュ

地面をプッシュ!

地面を蹴る走りは、足首の関節で地面からの衝撃を和らげてしまい、柔らかいボールが弾まないのと同じ走りになってしまう。地面をプッシュするイメージが大切。

4日目

スキップで学ぶ接地の感覚

スキップすることで足の接地がうまくなる!?

速く走るには、足の裏全体で着地する「フラット接地」の意識で走ることがおすすめです。これをすることで、足にかかる衝撃が少なく、上下の動きも抑えられるメリットがあります。

この足のつき方と、ひざを前方向に運ぶ動きをうまくするには、スキップが最適です。きれいなフォームでスキップできるように、練習しましょう。

快足ポイント!

・足のつき方とひざの使い方をスキップで学ぶ

リラックスしたスキップ

動画サイトあり

足のつき方の練習

目安　10m程度

1
肩はリラックスして、腕を大きく振る
2
フラット接地のイメージで

腕振りを意識したスキップ

動画サイトあり

足のつき方の練習

目安　10m程度

1
走るときと同じ腕振りでスキップ
2
3

※『動画サイトあり』マークがあるトレーニングは、次のサイト（http://jr-soccer.jp/howtorun/）で動きを確認することができます。

前に速いスキップとは？

**前に走るためには、ひざの運び方がポイントになってきます。
できるかぎり速いスピードでスキップすると、
ひざを前に運ぶイメージが意識できるようになります。
速さを意識してスキップしてみましょう。**

前に速いスキップ（動画サイトあり）	ひざを前に運ぶ練習	目安：10m程度

1
できるだけ速いスキップを
2
ひざを前に運ぶ感覚を
体に覚えさせよう
3
4

Close up!

フラット接地のイメージで

足の裏全体で着地する「フラット接地」するようなイメージで着地をするようにしよう。

ランニングと組み合わせよう

スキップを 10m した後に、続けてランニングを 10m 走るなど
メニューを組み合わせることで、
ブレーキ動作の少ない接地の仕方やひざの運びが上手な走り方になります。
いろんな組み合わせで走ってみましょう。

ランニングとの組み合わせ

足のつき方の練習

目安
各組合せを1～3本ずつ

3
2
1
リラックスしたスキップからスタートしてみよう

Close up!

いろんなスキップで練習しよう！

はじめはリラックスしたスキップからランニングを。次は腕振りを意識したスキップからランニング。最後は、前に速いスキップからランニングをしてみよう。

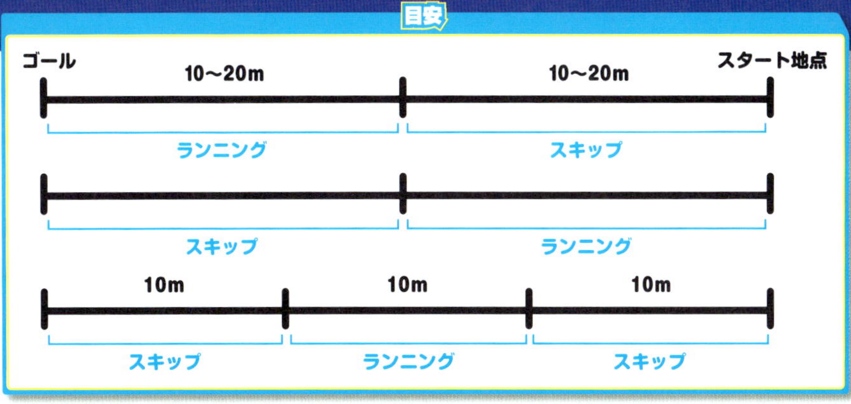

悪い例

マーカーからの切り替えに注意！

つま先接地など、足のつき方が悪いと、切り替えのときにつまづいてしまったり、減速したりしてしまいます。スキップからランニングへの切り替えをスムーズにしましょう。

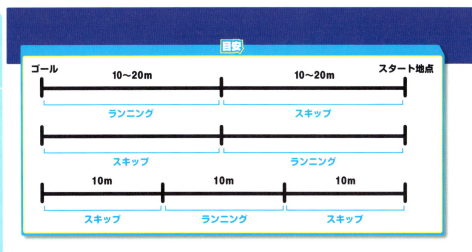

5日目

スタートを練習しよう

よいスタートが速い走りのカギに

上手なスタートを切るためには、スタートの合図ですぐに動ける俊敏性と、いかに瞬間的に力を出してダッシュできるかが大きなカギです。

そのためにも、俊敏性を身につける反応練習と、無駄のない動きでスタートできる姿勢を身につけましょう。スタートがうまくいくと、その勢いでゴールまで走れるようになります。

快足ポイント!

- 俊敏性を身につける
- 無駄のないスタート姿勢

反応練習

俊敏性が身につく

目安　10回程度

1

足を肩幅に開き、前かがみになって合図に集中しよう

2

ジャンプ
手を叩くなどの合図で跳び上がる

引きつけ三角

俊敏性と三角足が身につく

目安　左右10回ずつ

1

伸びる
左手を上げ、左足を後ろに伸ばし、一直線になるように伸びる

2

手を叩くなどの合図で、三角足のポーズを作る

倒れこみスタート

目線の確認

目安 20m×3本

1

まっすぐの姿勢でスタート地点に立つ。

2

顔はそのままで目線を下げて体を倒そう

まっすぐの姿勢をキープしながら前に倒れる。

3

このときにとっさに出てきた足が利き足です

ギリギリまでキープし、倒れそうになったら足を出す。

4

その勢いのままで、前に走り出そう。

腕立てスタート

低い姿勢からの足の動きの練習

目安 20m×3本

1

お尻の浮き沈みがないように、頭から足まで一直線のイメージ

スタート地点で腕立て伏せのポーズで待つ。

2

手を叩くなどの合図で走り出す。

3

目線は下

低い姿勢のまま、目線は真下。

4

大股で走らないように気をつけよう!

起き上がったら、ピッチを上げて走ろう。

スタート姿勢は？

無駄な動きをしないためにも、スタート姿勢の体は余計な力を入れないことがポイントです。正しいスタート姿勢を身につけましょう。

スタート姿勢 | スタート姿勢の確認 | 目安 自然にできるようになるまで

腕アリの姿勢

手は生卵を軽く握るイメージで力を入れないこと

腕以外は、「腕ナシの姿勢」と同じ。腕は、あまり力を入れずに腕振りのポーズをとろう。腕と足が一緒にならないように注意。

腕ナシの姿勢

目線は下にして、スタート合図に集中しよう

前足のつま先にしっかりと体重をかけて、腕は力を抜いて前に垂らす。後ろ足（利き足）はつま先を「チョン」と地面につける程度。足を開く幅は、肩幅くらいか、それより少し広いくらいでOK。

利き足の調べ方

❶ P39ページの倒れこみスタートで、ぎりぎりまで前に傾き、倒れないようにとっさに出てきた足が利き足。スタート姿勢では、利き足が後ろ足になります。

スタート姿勢から合図で走ってみよう

いよいよスタート姿勢から走る流れを確認してみよう。
P40のスタート姿勢から、スムーズに走るためには、
以下の 3 つの区間を意識して走るのがコツです。

スタート練習

動画サイトあり

スタートからの走り方

目安

5本程度

目安

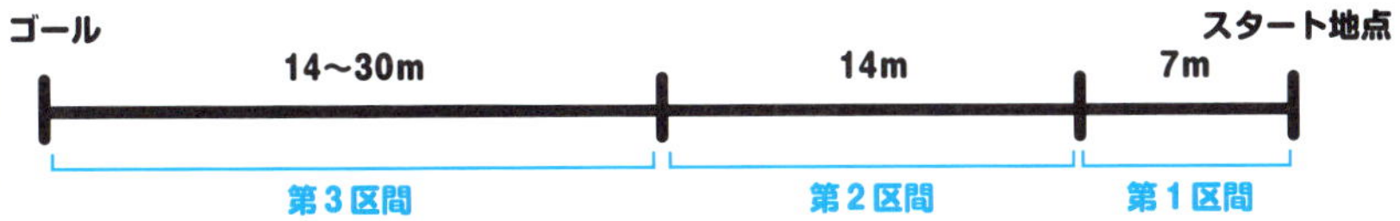
ゴール
スタート地点
14〜30m
14m
7m
第 3 区間
第 2 区間
第 1 区間

- 第１区間：スタートの目線（下げたまま）を維持して、ピッチ（足の回転）をとにかく上げよう。
- 第２区間：徐々に目線を上げる。いきなり目線を上げるとブレーキ動作になってしまうので注意。
- 第３区間：ピッチを再度上げていこう。ピッチが最高回転に到達すると、数メートル先で最高速度に達する。そこからスピードは上がることはないので、そのスピードを維持するつもりで力まずに走ろう。

4
3
2
1
目線は下げたまま
いきなり目線は上げない。徐々に上げていくこと
スタートの姿勢は、腕アリでも腕ナシでもOK

※『動画サイトあり』マークがあるトレーニングは、次のサイト（http://jr-soccer.jp/howtorun/）で動きを確認することができます。

6日目

ゴールまで通して走ろう!

本番同様に走って苦手な動きを練習

運動会前日は、本番と同じ距離を走ってみましょう。これまでにやってきた正しい姿勢、腕振り、三角足、接地、スタート姿勢などを思い出しながら、本番だと思って走りましょう。

そして、そこから苦手な動きや、よくできなかったところなど、1つのポイントに絞って疲れを残さないように短時間だけ練習しましょう。

快足ポイント!

- 本番と同じ距離を走る
- 苦手な動きを練習する

ポイントを1つに絞るためのチェックリスト

- 正しい姿勢はちゃんとできている?
- しっかり腕振りはできた?
- 三角足は作れている?
- フラット接地のイメージを持っているかな?
- スムーズにスタートは切れた?

チェックできなかった項目の中から1つだけに絞って練習しよう。

当日
運動会で速く走るために

前向きな気持ちで走ることが重要！

いよいよ運動会当日。しっかり練習できていれば、緊張したり、焦ったりする必要はありません。良いイメージを持つことが一番大切なので、練習でうまくいったことを思い出して、1位でゴールする自分の姿をイメージしましょう。

ポジティブな考え方や言葉は、自信にもつながるので、前向きな言葉をかけてあげましょう。

快足ポイント！

- よいイメージを想像する
- ポジティブな言葉で話す

運動会で速く走るための心得

1.リラックスしてポジティブなことを考える

例……練習してきたから大丈夫。
自分が1位になっている場面を想像するなど。

2.親は子どもに過剰な期待をしないこと

❌ 子どもに言ってはいけないNGワード

「練習してきたんだからがんばれ」→子どもたちなりにがんばっているので、「これ以上どうがんばれば？」と追いつめてしまう。

「一番になれ」→親の期待に応えられなかったらどうしよう……と子どもが思ってしまう。

〇 子どもに言ってあげたいワード

「今まで練習してきたから大丈夫だよ」

「走るのを楽しんできて」など。

3.朝食は早めにしっかりと食べておこう

試合当日の朝食は、試合開始時刻から逆算して3～4時間前までにすませておきましょう。そのためにも、当日の起床時間は、走る時間の4時間前には起きるようにします。前日は早めに寝て、しっかり睡眠をとることが大切です。朝食は、おにぎりや脂肪の少ないパン、麺類といった高糖質食を中心とした食事が適しています。体内に炭酸ガスを発生させるイモ類や炭酸飲料は控えましょう。

コラム

トレーニング後のクーリングダウンの仕方は？

スタティック（静的）ストレッチでゆっくり体の疲れをとりましょう

クーリングダウンの目的は、運動で使った筋肉や体の器官を安静時の状態に戻すことと、練習でたまった疲労を回復させることです。

一般的にはストレッチやジョギングなどの軽い運動を短時間で行います。

クーリングダウンのストレッチは、前屈に代表されるようなスタティック（静的）ストレッチがおすすめです。呼吸を止めずに自然なリズムを維持し、反動をつけずにゆっくりと伸ばしていきましょう。痛みを感じる手前で維持するのもポイントです。

運動後のクーリングダウンでは、ゆっくりとした運動で心身ともに落ち着かせていきます。会話を楽しむくらいの軽い運動やストレッチ、深呼吸などで疲労物質を取り除きましょう。体に無理のない範囲でリラックスして行うことが大切です。忘れずに必ず行うようにしましょう。

第2章

速く走るための トレーニング（スプリントドリル）

1章で速く走る基本を押さえたら、
さらに速く走るための足をつくりましょう。
短距離走の練習のスプリントドリルを取り入れて
走りの技術とスピードを手に入れよう！

スプリントドリルとは？

「スプリント」とは「短距離走」、「ドリル」とは「訓練」の意味なので、「スプリントドリル」とは、速く走るための技術練習のことを意味します。スプリントドリルにはさまざまな種類がありますが、なかでも小・中学生におすすめのトレーニングを掲載しています。

必ずランニング区間を作ろう！

スプリントドリルはそれだけでも練習にはなりますが、効果的に走りにつなげるためには、必ずランニング区間を作りましょう。スプリントドリルを 10 mしたら、次の 20 mを走るなどとすると、スプリントドリルの動きが走りに活かせるようになります。

例えば…

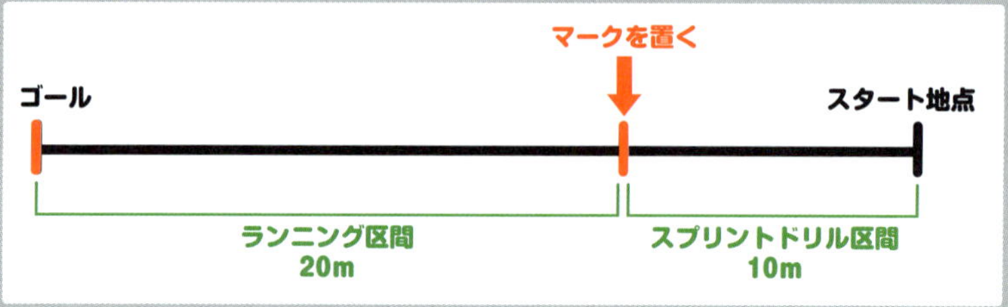

マークを利用しよう

スプリントドリル区間とランニング区間の目印に使うマーカー。本誌で使っているようなマーカーコーンがなくても、ペットボトルや空き缶などで代用して OK。練習中、マーカーを見てしまうと視線が下になって姿勢が悪くなるので、視線は前方をキープすること。

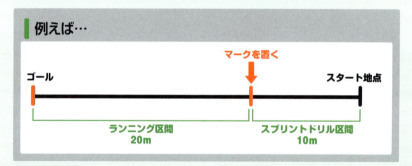

その場切り返し

空中で足を入れ替える確認

動画サイトあり

目安
左右交互に
10回ずつ

1

ジャンプするときは、重心の真下をプッシュするイメージ

正しい三角足姿勢(→P30)をつくる。

2

ジャンプ
足を入れ替えるとき、腕も振ること

ジャンプして、空中で足を入れ替える。

3

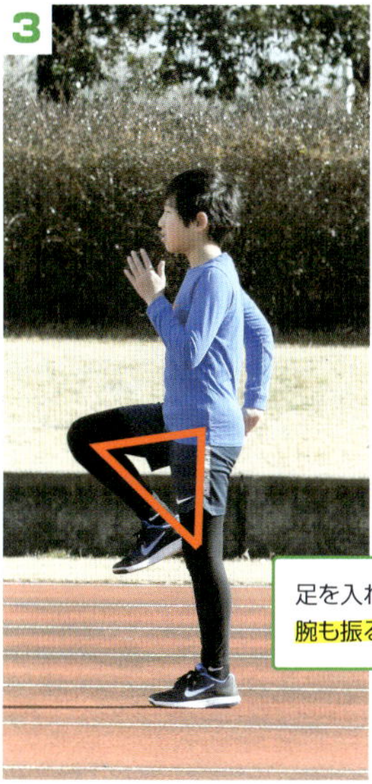

フラット接地して、1秒静止する。

快足ポイント!

- 重心の真下をプッシュする。
- 腕振りと足の振り下ろしのタイミングを合わせる。
- フラット接地のイメージで接地すること。(足裏全体で着地するイメージ)。

※『動画サイトあり』マークがあるトレーニングは、次のサイト(http://jr-soccer.jp/howtorun/)で動きを確認することができます。

連続切り返し

三角足で速く走る練習

動画サイトあり

目安

10m+ランニング
20mを2本

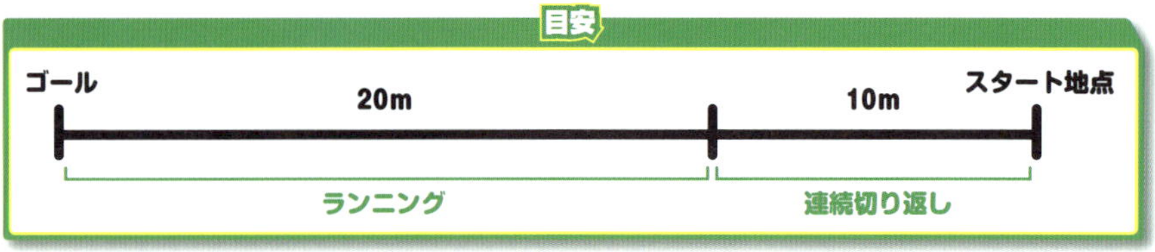
目安
ゴール
20m
10m
スタート地点
ランニング
連続切り返し

1
2
3
①
②

① その場切り返し（→P47）が正しくできるようになったら、トライ。常に三角足を意識しよう

前に進みながら、空中で足を入れ替える

② 着地したら、すぐに反対の足の空中切り替えをしよう

※『動画サイトあり』マークがあるトレーニングは、次のサイト（http://jr-soccer.jp/howtorun/）で動きを確認することができます。

ステップ図解

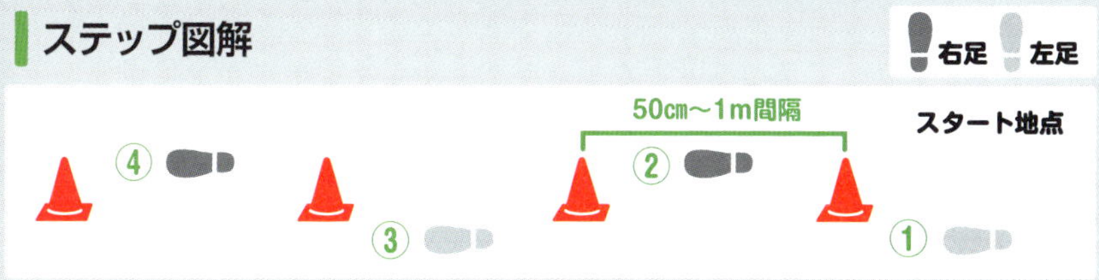

快足ポイント！

- 腕振りをしっかり行うことでタイミングとバランスを取ろう。
- 体の重心の真下をプッシュするイメージ（着地がグラつくと、バランスをくずしやすいので注意）。

慣れてきたら、ゆっくりの動きから徐々にテンポアップしよう！

2ステップ

三角足で速く走る練習

動画サイトあり

目安

10m+ランニング
20m×2本

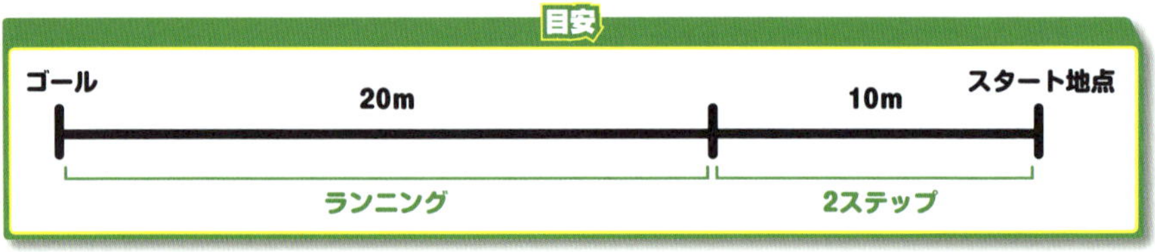

右足・右足・左足・左足の順番で2ステップずつ三角足で進んで行こう

三角足を常にイメージ！

※『動画サイトあり』マークがあるトレーニングは、次のサイト（http://jr-soccer.jp/howtorun/）で動きを確認することができます。

ステップ図解

右足
左足
1m
スタート地点
⑧
⑦
⑥
⑤
④
③
②
①

快足ポイント!

- 腕振りとジャンプする足のタイミングを一緒にしよう。
- 2ステップの際に、基本となる三角足の姿勢を保つこと。

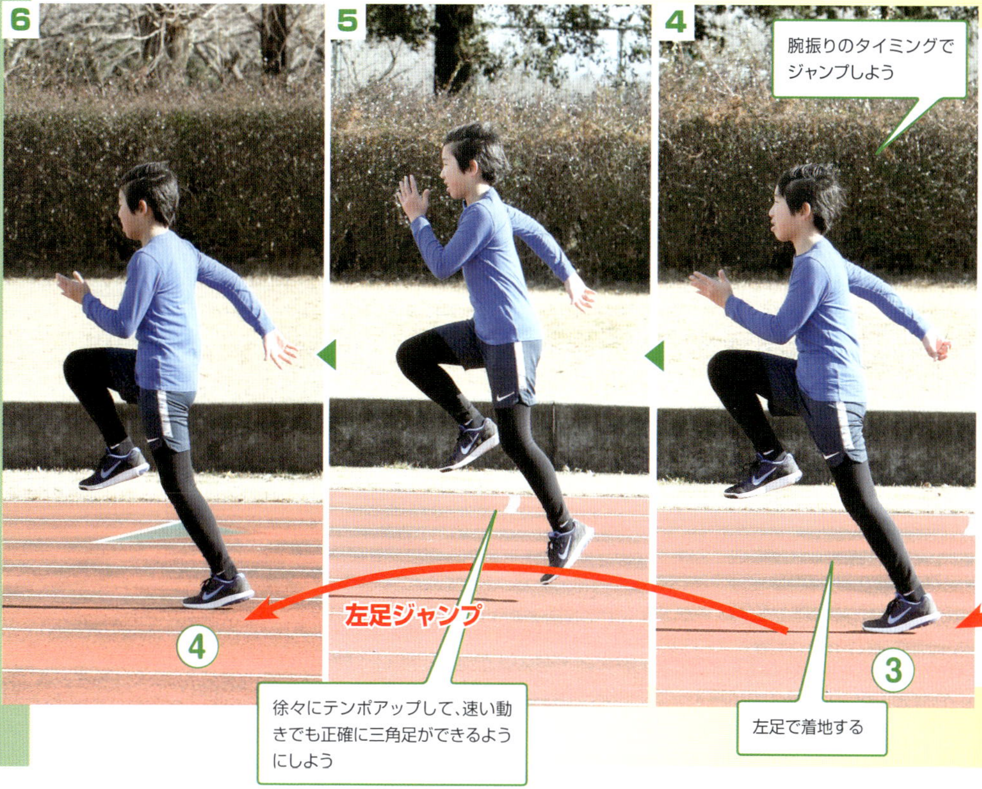
6
5
4
腕振りのタイミングでジャンプしよう
左足ジャンプ
④
③
徐々にテンポアップして、速い動きでも正確に三角足ができるようにしよう
左足で着地する

1・2ステップ

三角足で速く走る練習

動画サイトあり

目安

10m+ランニング
20m×左右2本ずつ

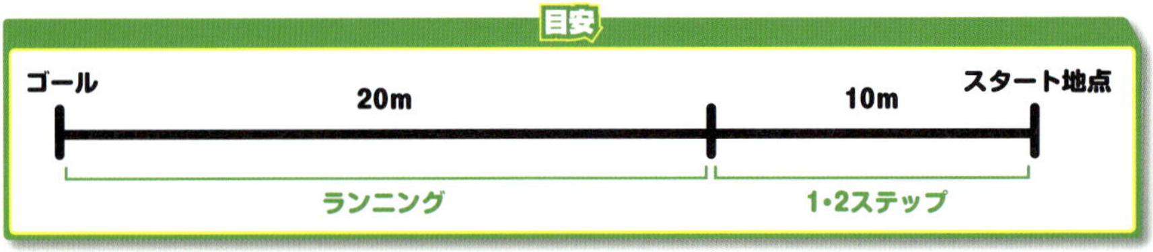

正しい三角足を意識しながら、左足・右足・右足・左足・右足・右足〜の順番で、1・2ステップで進んで行こう

右足で2ステップを踏む

1・2ステップの1（この例の場合は左足）を強調し、力強くプッシュする

ステップ図解

快足ポイント!

- 腕振りとジャンプする足のタイミングを合わせる。
- 着地したときに三角足の姿勢を保つこと。
- 1・2ステップの1のカウントのときを強調して、地面を力強くプッシュしよう。

足を変えて、右足・左足・左足のくり返しも必ず行うこと

1のカウントの足（この場合左足）を強調して力強くプッシュしよう

片足強調

三角足で速く走る練習

動画サイトあり

目安

10m+ランニング
20m×左右2本ずつ

目安
ゴール
20m
10m
スタート地点
ランニング
片足強調

3
2
1
②
①

まず強調した三角足をつくる

上げていた足で前に進み、軸足だった左足はすぐ隣についてくるイメージ

※『動画サイトあり』マークがあるトレーニングは、次のサイト(http://jr-soccer.jp/howtorun/)で動きを確認することができます。

ステップ図解

快足ポイント!

- 上げた足は地面を力強くプッシュしよう。
- 接地時には、両足とも身体軸上にあるイメージで。

片足強調を10mした後は、最初は歩行でOK。慣れてきたらランニングを行おう。また、反対の足も必ず行うこと

ずっと同じ足を上げて進もう

両足着地三角ドリル

三角足で速く走る練習

動画サイトあり

目安

10m+ランニング
20m×2本

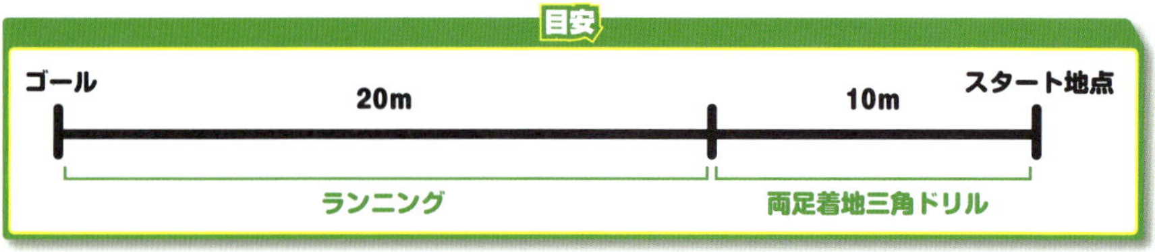

目安
ゴール
20m
10m
スタート地点
ランニング
両足着地三角ドリル

まっすぐな姿勢からまず両足でジャンプ！
1
2
3
両足ジャンプ
はねるときに片足を交互に上げていこう

ステップ図解

快足ポイント!

- 背中をまっすぐにして正しい姿勢を保とう（猫背になると腰が落ちて地面への力を伝えにくくなる）。
- 足首を使わないようにして、ひざでリードするように進もう！

ひざでリードするようにジャンプしよう

着地は両足の足裏全体で

両足２ステップ着地三角ドリル

三角足で速く走る練習

動画サイトあり

目安

10m+ランニング
20m×2本

目安

ゴール　20m　10m　スタート地点

ランニング　両足２ステップ着地三角ドリル

両足・両足・片足・両足・両足・逆片足
の順番でジャンプしていく。

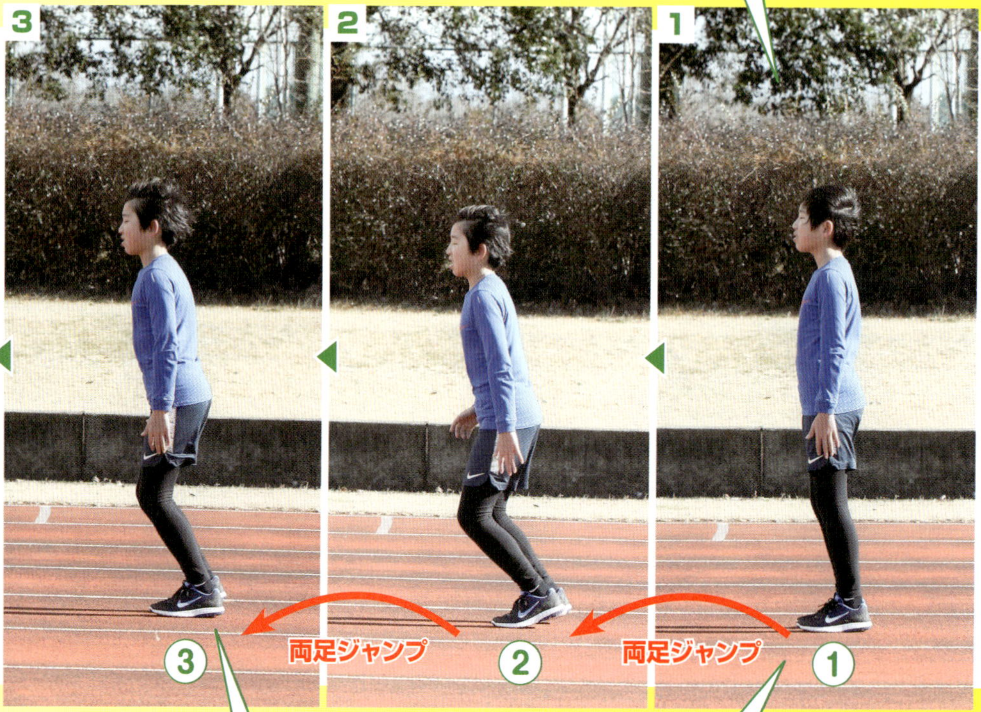

ステップ図解

快足ポイント！

- 背中をまっすぐにすること（猫背になると腰が落ちてしまい、地面への力を伝えにくくなります）。
- 足首を使わないようにして、ひざでリードするように進もう。

4 はねるとき三角足をつくる。片足でジャンプするときは、左右交互に飛ぼう

5 ひざでリードするイメージでジャンプ！

6 両足で着地すること

横向きドリル

三角足で速く走る練習

動画サイトあり

目安

10m+ランニング
20m×左右2本ずつ

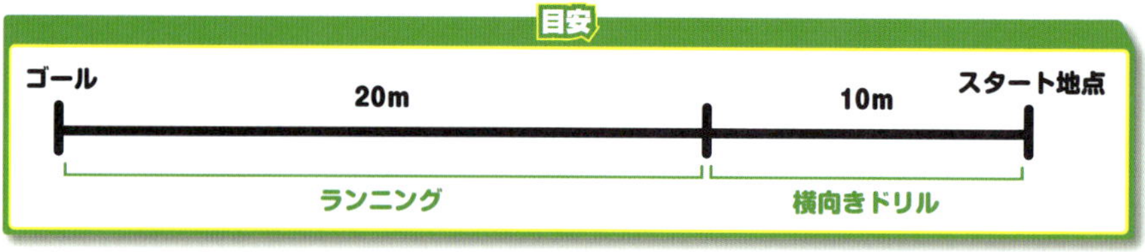

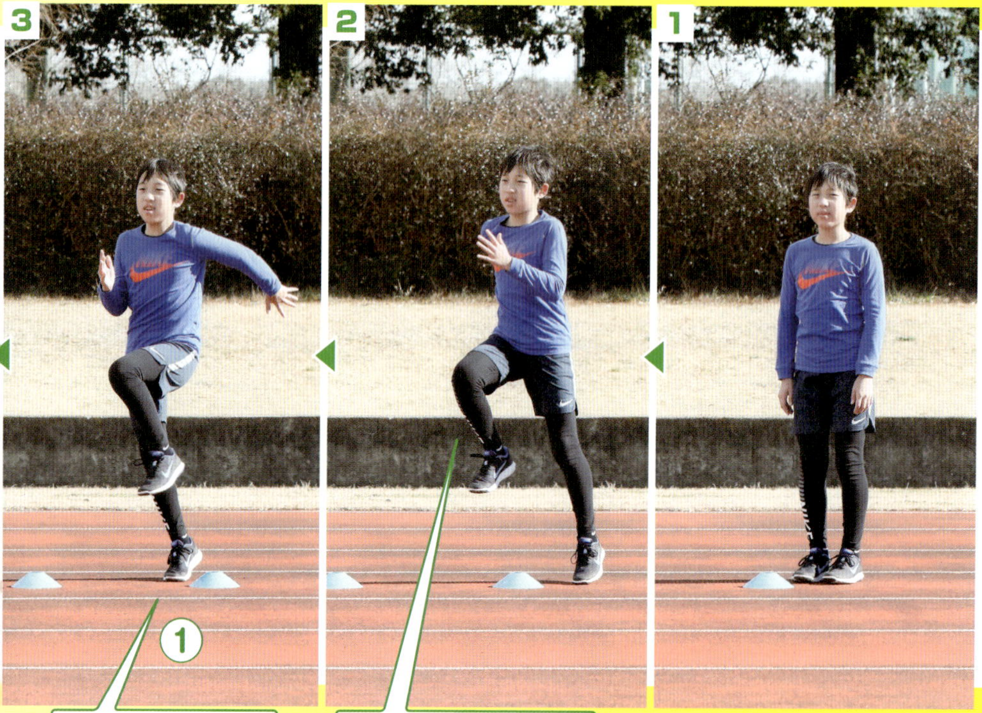

横向きで連続切り返しをしていきます

進行方向の足(この場合は右足)から上げよう

① 着地したらすぐに三角足を意識すること

※『動画サイトあり』マークがあるトレーニングは、次のサイト(http://jr-soccer.jp/howtorun/)で動きを確認することができます。

ステップ図解

右足　左足

快足ポイント!

- 横移動が大きくなりすぎないように、着地は重心の下を意識すること。
- スムーズに横に移動するために、少しだけ斜め前を向いて実施しよう。

逆向きでも同様に行おう

ギャロップ

足の切り替え運動の練習

動画サイトあり

目安

10m+ランニング
20m×左右2本ずつ

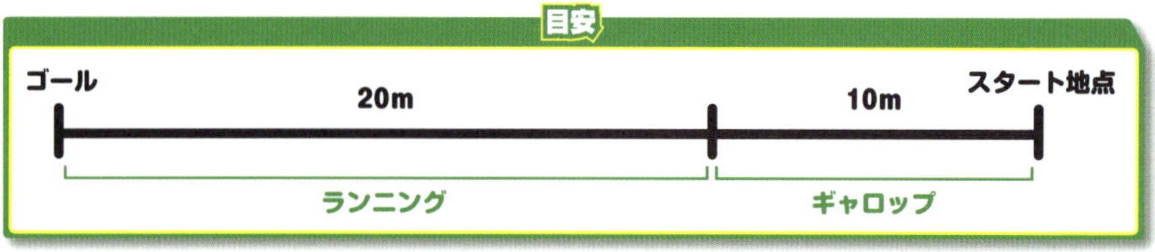

「タ・タン」のリズムの接地で、テンポよく前に進んで行こう

ひざでリードするイメージで跳ぼう

接地は短い時間で力強く

※『動画サイトあり』マークがあるトレーニングは、次のサイト（http://jr-soccer.jp/howtorun/）で動きを確認することができます。

ステップ図解

快足ポイント!

- 小さなギャロップでは腕を速く振り、「タ・タン」の短い接地のタイミングと合わせよう。
- 接地のときバタバタと音を出さないこと。空中では力まず、地面との接地時間は短くするのがコツ。

最初は小さなギャロップから、徐々に前へ速く大きなギャロップへと発展させよう。1本走ったら、次は踏み切る足を変えて走ろう

空中では足は延ばさないで巻き込むようなイメージに

ギャロップ強調（巻き付け）

足の切り替え運動の練習

動画サイトあり

目安

10m+ランニング
20m×左右2本ずつ

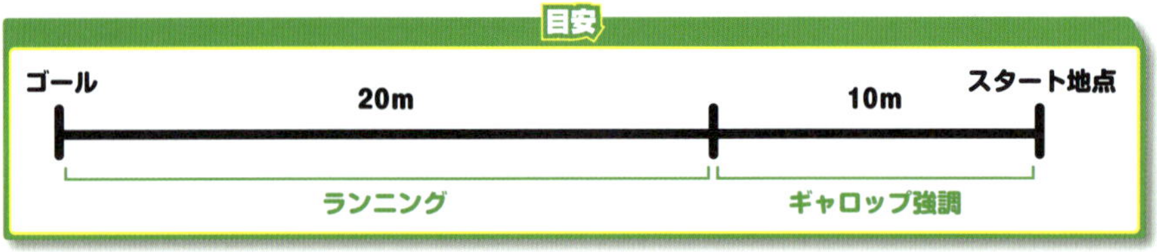

P62のギャロップより踏み込みを強くして、滞空時間を長くするように浮き上がろう

踏み込んだ足とは逆の足のひざを高く上げて、ひざで体を引っ張るように跳ぶ

強く踏み込もう

※『動画サイトあり』マークがあるトレーニングは、次のサイト（http://jr-soccer.jp/howtorun/）で動きを確認することができます。

ステップ図解

快足ポイント!

- つま先や足首の力ではなく、足の根本からさらに大きな力を出すイメージで跳ぼう。
- 空中でやや前傾姿勢をとると前方へ進みやすい。

走り終わったら、踏み込む足を逆の足に変えて走ろう

かかとを素早く最短距離でお尻へ引きつけるように

コラム 親子でやってみよう！ 2人でできる運動

親子で楽しく遊びながら 運動能力をアップさせよう

家の中でもできて、親子2人で楽しく簡単に行える運動をご紹介しましょう。

●手押し車

子どもが腕立て伏せの姿勢をとり、親が両足首を持って持ち上げる。子どもは腕で前に進もう。目安は10m～20mくらい。歩くときは、お尻を左右に振ったり、お尻が反ったり、上がったりしないように気をつけよう。

●シーソー

子どもはうつ伏せになって手足をピンと伸ばして床から浮かせ、お腹だけで体を支えよう。親がシーソーのように子どもの体を揺らします。目安は10回くらい。体幹が鍛えられます。

●ミラーゲーム

お互いが向かい合って、相手のマネをします。片足など動きの縛りを作ったりすると面白い。目安は10秒間マネしたら、交代。反応時間も大切な要素なので、素早くマネしよう。

第3章

走る体をつくる複合的なトレーニング

走るために必要な体をつくるには
運動の基礎となるバランスのよい体づくりが大切です。
そこで、楽しく体を動かせるトレーニングをご紹介！
遊び感覚で体を動かし、運動を楽しんでください。

生物シリーズ①

クマ

手足を大きく動かす運動

目安

10m程度

右手は右足の近くに、左手は左足のなるべく遠くに離して地面に手足をつく。

右手と左足を前に運んで進む。手足を動かすタイミングは合わせること。

左手と右足を前に運んで進む。体重は手と足均等に乗るように進もう。

右手と左足を前に運ぼう。クマになったつもりで、大きな動きを目指そう。

快足ポイント!

- 対角線上の手と足を同時に動かすこと。同じ側の手と足を動かさないように注意しよう。
- 大きな動きを目指そう。足やひざを閉じて、X 脚になる場合があるので注意。

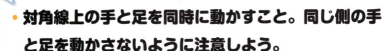

生物シリーズ②
クモ

おなかまわりを鍛える

目安

10m程度

1

体育座りをして、両手を後ろにつきます。

2

お尻は下に落ちないように一直線の姿勢を保とう

お尻を上げて、両手と両足だけで体を支えよう。

3

2の姿勢をくずさないように前に進もう。

4

前に進めば手足を動かす順番はバラバラでOK。

快足ポイント!

- **腕や足で地面をしっかり押し込んで体を支えると、体重移動がスムーズになる（腕や足の力が弱いと、つぶれてしまい移動できないことが多い）。**
- **お尻が落ちていない正しい姿勢が維持できる距離で行おう（無理して続けないこと）。**

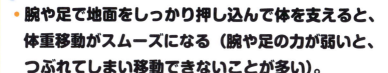

生物シリーズ③
キリン
柔軟性を高める

目安
10mまたは
10〜20歩

1

伸ばす
できるだけ手のひらをつけよう

ひざを伸ばした状態で、なるべく足のすぐ近くに手を地面につける。できれば手のひら全体がつくこと。

2

右手と左足を前に出す。手と足の間隔が変わらないように、一歩ずつ前に進もう。

3

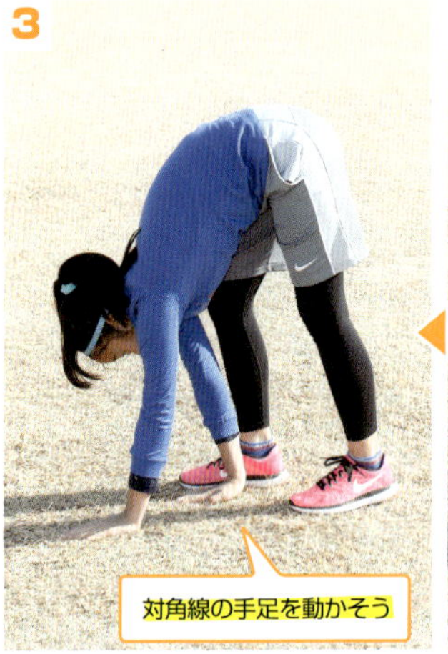

対角線の手足を動かそう

次は左手と右足というように、対角線の手足を使うこと。右手と右足など同じ側の手足は一緒に動かさない。

快足ポイント!

- 足だけではなく、手にも体重を乗せるようにすること。
- 足が曲がらないように注意。
- かかとが浮いてしまうと、ストレッチの効果が低下するので、ひじとひざが曲らないように注意しよう。
- 地面に手がつかなかったり、ひざが曲がってしまう場合は、手を前方について無理なくやろう。

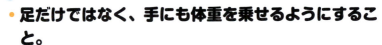

生物シリーズ④

シャクトリムシ

全身の体幹を鍛える

目安
5m～10m
程度

1

ひざを伸ばした状態で、なるべく足の近くに手をつこう。

2

足は動かさないで、手だけ少しずつ前へ進む。

3

体が伸びた状態になるまで手で進もう。

4

体が伸びた状態になったら、今度は手を動かさないで、足を少しずつ前に進めていく。

快足ポイント!

- **なるべく手と足をそれぞれたくさん地面について、少しずつ前に進む。**
- **3の体が伸びた状態は、できるだけ手と足を離れた位置まで伸ばせると、負荷が高まってより効果的になる。**

生物シリーズ⑤

アザラシ

上半身を鍛える

目安

5m〜10m
程度

まず腕立て伏せの姿勢になる。

足首を伸ばして、足を引きずる姿勢に。

腕だけで前に進もう。

手は指を外側に向け、少しずつ進もう。

快足ポイント!

- 足の甲を地面につけて、下半身の力は抜こう。腕だけで上半身を支えるイメージ。
- 手は指を外側に向けると進みやすい。
- 一気に進もうとはしないで、少しずつ進むこと。

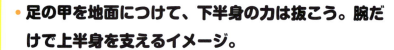

生物シリーズ⑥

アヒル

股関節まわりを鍛える

目安
5m〜10m
程度

1

外側から足首
をつかもう

腰を落として、しゃがんだ姿勢から、手で足首をつかもう。

2

前へ

足を少し前に倒して、しゃがんだ姿勢のまま、一歩ずつ前に進む。

3

腰のラインは常に
一定の高さ

腰が浮いたり、ひざが伸びたりしないように注意しよう。

4

ひざと股関節を使って、前に進むイメージを持とう。

快足ポイント!

- **股関節を上手に使って、足幅を広くとって進むこと。**
- **ひざの屈伸だけではなく、股関節も使うイメージで行うのがコツ。**
- **腰の高さは常に一定にしよう。**

生物シリーズ⑦

カエル

全身の体幹を鍛え、腕の使い方を覚える

目安

10m程度

1

腰を深く曲げて、しゃがんだ姿勢を作ろう。

2

腕をバンザイするように大きく振り上げる。

3

体が大きく伸びるようにジャンプしよう。

4

しなやかに着地して、2から繰り返そう。

快足ポイント!

- **目線は下げないで、前を向くこと。**
- **着地のときは、音を立てないよう柔らかく着地して、1の姿勢に戻ろう。**
- **腕で体を引っ張るように跳ぼう。**

生物シリーズ⑧
ゴリラ

姿勢の保持と股関節まわりを鍛える

目安

10m程度

1

背筋はピンと
伸ばそう

ひざとつま先を外側に向けて、足を大きく開き、お尻をまっすぐ下に落とす。

2

足幅は広く

1の姿勢を維持したまま右足を出す。上体が倒れないように注意しよう。

3

ひざは
外向きに

次に左足を前に出し、少しずつゆっくり前に進もう。

4

足幅を広くとり、内ももを伸ばすイメージで行おう。

快足ポイント!

- **背筋を伸ばすこと。**
- **お尻を低い位置で保ち、上下動しないこと（急いで進むと上がりやすいので注意）。**
- **体が前に倒れないように気をつけよう。**
- **足が閉じてひざが内向きになり、X脚になると効果は減少。足幅は広く、ひざは外向きにしよう。**

生物シリーズ⑨
ペンギン

姿勢の保持

目安

10m程度、または10～20歩

1
つま先を
浮かせる

直立姿勢を作り、つま先を上げよう。

2
目線は前

かかとだけ接地させて歩こう。

3
ひざは曲げ
ないように

できるだけひざは曲げず、股関節や腰回りを使って歩くイメージで進もう。

快足ポイント!

- お尻が引かないようにすること。上体が「く」の字にならないように注意しよう。
- 目線は下げないこと。
- 大きく進もうとはしないで、少しずつ前に進もう。

生物シリーズ⑩
人間

正しい歩行動作の習得

目安
10m程度

1

まず正しい姿勢で立つ。

2
かかとから着地しよう

正しい腕振りを意識して歩く。かかとから着地すること。

3
つま先から抜けるイメージ

つま先から抜けていくイメージで歩こう。

快足ポイント!

- 正しい姿勢と腕振りを意識して歩くこと。
- かかとから着地して、つま先で抜けるのが正しい歩き方。
- バリエーションで、早歩き（競歩）や、競歩から徐々にランニングをするのもおすすめ。

片足保持ジャンプ動作①

ケンケン

片足でのバランス強化

動画サイトあり

目安

左右の足
10mずつ

右足が終わったら、次は左足も行おう

片足を上げて連続ジャンプで前へ進もう

快足ポイント!

- 片足になってもバランスがくずれないように気をつけよう。
- 重心の真下に足裏をフラットに接地するイメージで。

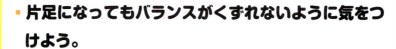

片足保持ジャンプ動作②
ホッピング

片足でのバランス強化

動画サイトあり

目安

左右の足
10mずつ

もう片方の足も同じ距離だけ跳ぼう

ジャンプした足を空中でお尻の方に引き上げるようにする

片足で大きく連続ジャンプをしよう

快足ポイント!

- ジャンプする足は、空中でお尻の方に引き上げる。
- 足を後ろに蹴らないようにすること。
- 空中では腕も使ってバランスをとろう。
- 重心の真下に足裏をフラットに接地するイメージで。

片足保持ジャンプ動作③
リズムホッピング

片足でのバランス強化

動画サイトあり

目安

10〜20m

Close up!

軸足をお尻に引きつけよう

地面につけていた足は、跳んだときにお尻の方に一直線に引きつけるようにするのがホッピングのコツ。

4
一回ずつ弾むようなイメージで跳ぼう！
3
2
1
P79のホッピング動作を左足·左足·右足の順番でくり返しながら連続で進んで行く
左足ホッピング
左足ホッピング
②
①
もう一度左で1ステップ
まず左足で1ステップ

※『動画サイトあり』マークがあるトレーニングは、次のサイト(http://jr-soccer.jp/howtorun/)で動きを確認することができます。

ステップ図解

快足ポイント!

- リズミカルにホッピングしよう。
- 動きが小さくならないように気をつけること。
- 体が前に倒れないように注意。
- 2・1のほか、2・2のリズム（左足・左足・右足・右足のくり返し）もやってみよう！

次は左足に戻って1からくり返す。終わったら、軸足を変えてやってみよう

次に右足で1ステップ

片足保持ジャンプ動作④

バウンディング

片足でのバランス強化

動画サイトあり

目安

10〜20m

Close up!

両足で大きく跳び出そう！

立ち幅跳びのように大きく両足で跳び出し、片足で接地するのがバウンディングのスタート。そのとき、腕を大きく使って前に跳び出そう。

スタート地点では、肩幅に足を開いて、腕で反動をつけてジャンプ

両足でジャンプして、片足で着地する

※『動画サイトあり』マークがあるトレーニングは、次のサイト（http://jr-soccer.jp/howtorun/）で動きを確認することができます。

ステップ図解

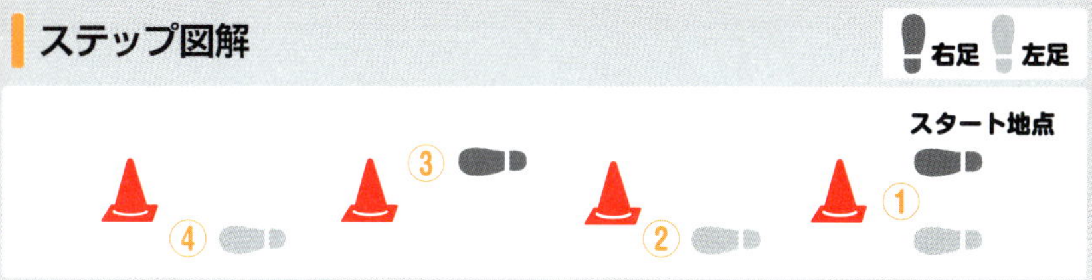

快足ポイント!

- 一歩ずつ弾むように跳ぼう！
- ひざを上手に前方に運びながら進もう。
- ひざ下は振り出さないように注意。

腕とひざを利用して大きく前へ足を出そう

地面をしっかりプッシュして、左右の足をくり返そう

スケーティング①

その場バランス

足のバランス強化

動画サイトあり

目安

左右5回ずつ
タッチ

1

直立姿勢から片足を上げる。ひざはおへその高さくらいまで上げ、つま先は下げないこと。

2
軸足とは逆側の手でタッチ!
マーカーを斜め前に置こう

軸になっている足で体重を支えながら、軸足(この場合は右足)とは逆の手(左手)でマーカーをタッチしよう。

3

フラフラしないで、また1の姿勢に戻る。左右の足を変え、それぞれ5回ずつ行おう。

快足ポイント!

- バランスをくずさないように注意。
- 軸足で踏ん張るようにしよう。
- 急がないで、ゆっくりやるのがコツ。

スケーティング②
スケーティングジャンプ

足のバランス強化

動画サイトあり

目安
左右10回ずつ
タッチ

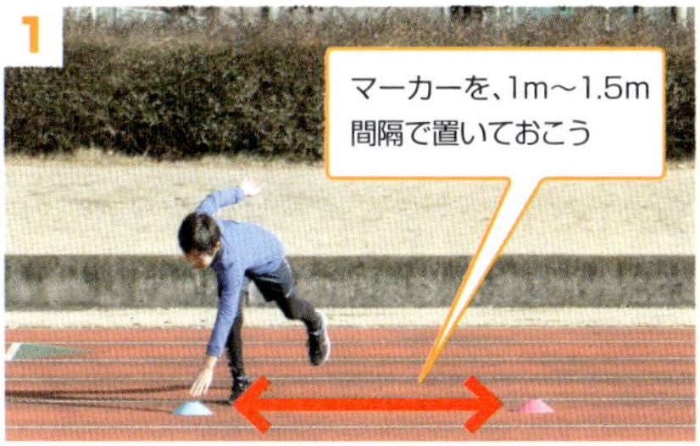
1
マーカーを、1m～1.5m
間隔で置いておこう

その場バランスの2までは同じ。

2
ジャンプ

上げている左足側に横にジャンプ。

3

ひざや股関節をクッションにして止まる。

4
軸足とは逆側の手で
タッチ

右手で左のマーカーにタッチしよう。

快足ポイント!

- **片足で止まるときにフラフラとバランスをくずさないようにしよう。**
- **上げている足を素早く軸足に寄せるとバランスがとりやすい。**
- **腕も大きく使うとスイング動作がやりやすい。**

スケーティング③
交差スケーティングジャンプ

足のバランス強化

動画サイトあり

目安
左右10回ずつ
タッチ

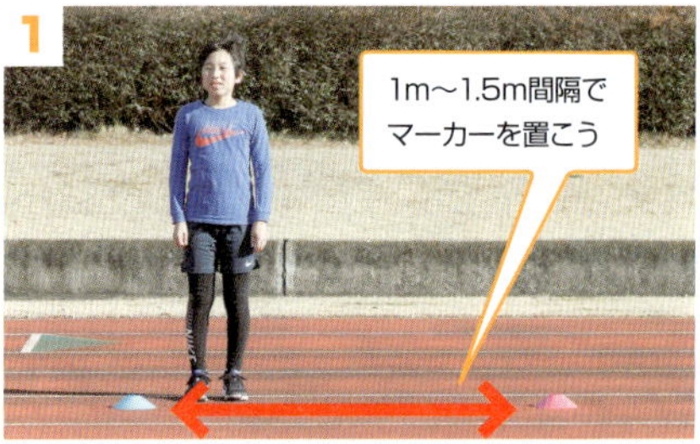
1
1m〜1.5m間隔で
マーカーを置こう

まず、右側のマーカーの近くに立とう。

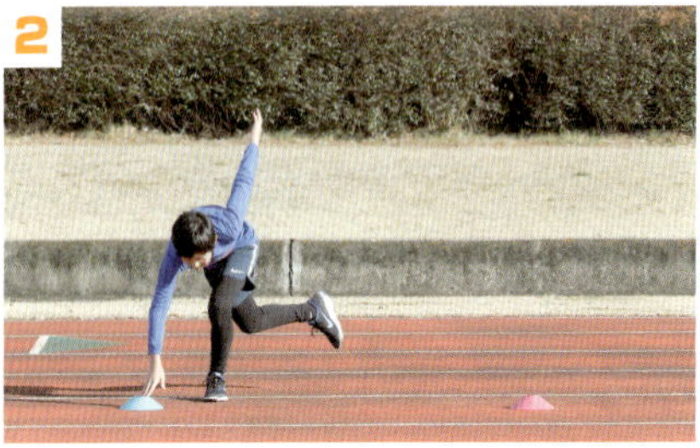
2

右足を上げ、右手で右側のマーカーをタッチします。

3
スイングのタイミングを合わせて、軸足で地面を押し出すようにするのがコツ

上げている足を逆側の目印に向けて大きくスイングしてジャンプ。

4

右足で着地して、左手で左側のマーカーにタッチします。

快足ポイント!

- **片足で止まるときにバランスをくずさないこと。**
- **足をクロスするとき、ひざが伸びないようにしよう。**
- **反対の足も素早く軸足に寄せるとバランスがとりやすい。**
- **腕も大きく使うとスイング動作がしやすい。**

※『動画サイトあり』マークがあるトレーニングは、次のサイト(http://jr-soccer.jp/howtorun/)で動きを確認することができます。

第4章

ウォーミングアップに取り入れたい運動

パフォーマンスの向上とケガを防止するために
必ず行いたいウォーミングアップ。
運動を行う前の心と体の準備として
忘れずにしっかりと行いましょう。

同調運動とは？

手と足などのタイミングやリズムを合わせ、スムーズに体を動かす運動を同調運動といいます。遊びやストレッチの要素を含みながら、同調運動をウォーミングアップに取り入れると効果的です。

ノーマル

動画サイトあり

走るときの腕振りを正しく

目安

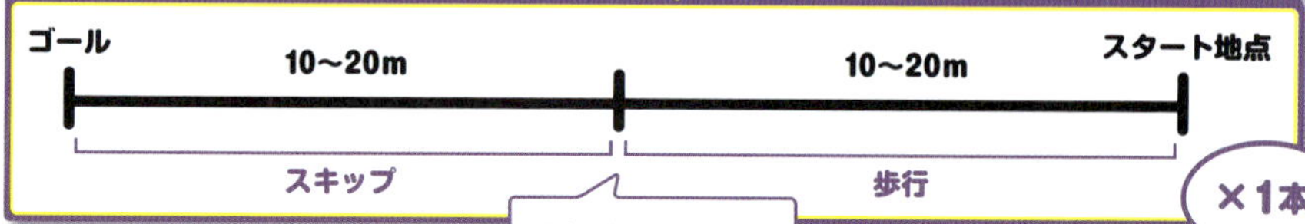

×1本

距離がない場合は、折り返してもOK

マーカーの位置からスキップスタート！

まずは正しい腕振りを意識して歩こう

※『動画サイトあり』マークがあるトレーニングは、次のサイト(http://jr-soccer.jp/howtorun/)で動きを確認することができます。

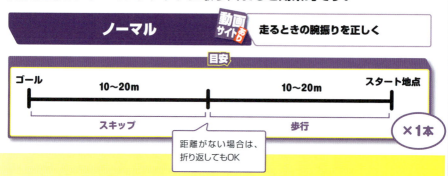

快足ポイント!

- 正しい腕振りを意識すること。
- 肩の力を抜いてリラックスしてやることが大事。
- スキップは速くなくてOK。

肩の力を抜いてリラックスして腕を振ろう
6
5
4
ひざを前に運ぶイメージでスキップしよう

両腕後ろ回し

動画サイトあり

腕と足のタイミングを合わせる

腕を大きく前から上に振り上げ、そのまま後ろに回しながら前に歩こう

肩関節が硬いと、上や後ろまで腕を回せず、小さな動きになりやすいので注意

両腕前後交互回し

動画サイトあり

腕と足のタイミングを合わせる

両腕で前回しと後ろ回しを交互に行いながら歩こう。まずは上から前→下→後ろの前回しを

腕が1回転半し体の後方に来たら、次は後ろ回し。前後交互に大きく回そう。

※『動画サイトあり』マークがあるトレーニングは、次のサイト(http://jr-soccer.jp/howtorun/)で動きを確認することができます。

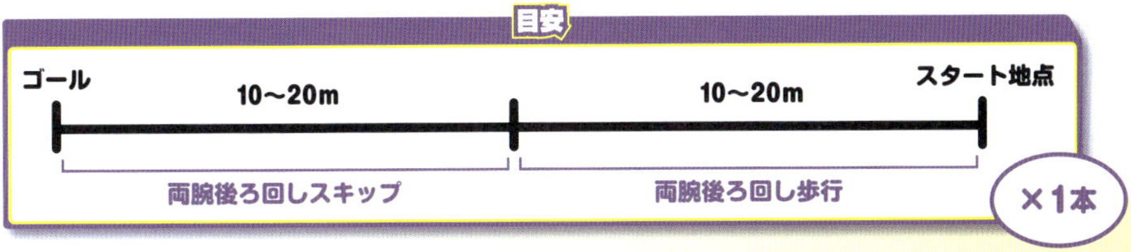

マーカーの位置からは、腕を後ろ回ししながらスキップしよう

腕が下向きになったタイミングでスキップを行うと、腕の反動で大きなスキップができる

マーカーの位置からは、スキップしながら前回しと後ろ回しを交互に行おう

上半身と下半身のタイミングがうまく合わせられると、大きな動作ができるようになる

横回し

動画サイトあり

腕と足のタイミングを合わせる

肩甲骨をつけるイメージで、肩の根元から後ろ回しをしながら歩こう

腕を肩の高さに上げて、真横に伸ばす

クロール

動画サイトあり

腕と足のタイミングを合わせる

腕はクロールの動きで歩こう

顔は前を向いたまま。クロールの動きに合わせて、顔が横を向きやすいので注意

※『動画サイトあり』マークがあるトレーニングは、次のサイト（http://jr-soccer.jp/howtorun/）で動きを確認することができます。

目安

ゴール　10〜20m　10〜20m　スタート地点

横回しスキップ　横回し歩行

×1本

メーカーの位置から、横回しをしながら、スキップをしよう

目安

ゴール　10〜20m　10〜20m　スタート地点

クロールスキップ　クロール歩行

×1本

足の動きと合わせて、左右対称の動きをすること

手を前に出したタイミングで一緒にひざも出すのが速く走るコツ

マーカーの位置から、クロールをしながら、スキップをしよう

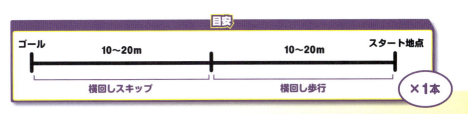

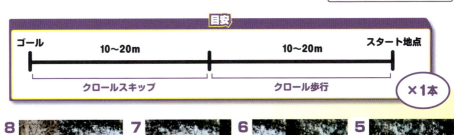

平泳ぎ

動画サイトあり　**腕と足のタイミングを合わせる**

腕は平泳ぎの動きで、歩いていこう

両ひじを後ろでつけるようなイメージで

大きく水をかき出すイメージ

ダブルアーム

動画サイトあり　**腕と足のタイミングを合わせる**

腕を前方に持っていくときに、上体があおられやすいので、おへそに力を入れて歩こう

走るときの腕振りを左右の腕で一緒に行う。前後に振りながら歩いていこう

前方の動きだけでなく、きちんと後ろに引くことで動きのバランスがとれます

※『動画サイトあり』マークがあるトレーニングは、次のサイト(http://jr-soccer.jp/howtorun/)で動きを確認することができます。

目安

ゴール ― 10〜20m ― 10〜20m ― スタート地点

平泳ぎスキップ｜平泳ぎ歩行

×1本

マーカーの位置から、平泳ぎをしながらスキップをしよう

腕を前に出すタイミングで足も出そう

目安

ゴール ― 10〜20m ― 10〜20m ― スタート地点

ダブルアームスキップ｜ダブルアーム歩行

×左右1本ずつ

マーカーの位置から、ダブルアームをしながらスキップをしよう

腕とひざで体を前に運ぶように

走り終わったら、手と足のタイミングを左右変更して、もう1本走ろう

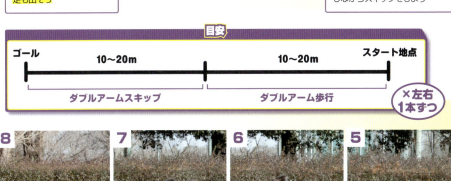

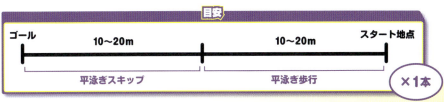

サイドステップとは？

横に大きく移動するサイドステップで進んで行く運動。
腕を前回しや後ろ回しにしたり、工夫して左右行いましょう。
ここでは、同調運動に適したサイドステップ反転を紹介します。

サイドステップ反転

動画サイトあり

腕と足のタイミングを合わせる

目安

ゴール　10〜20m（ランニング）　10〜20m（サイドステップ反転）　スタート地点

×1本

1 横向きでスタート。腕を大きく振り上げて横に進もう

2 腕を肩の高さまで振り上げよう。腕が上に上がったときに足を閉じること

3 腕が体の前にくるたび反転する

※『動画サイトあり』マークがあるトレーニングは、次のサイト（http://jr-soccer.jp/howtorun/）で動きを確認することができます。

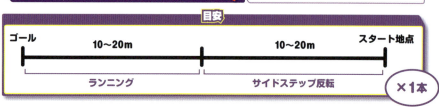

快足ポイント!

- しっかりと真横を向いて、ステップしよう。
- 腕と足をできるかぎり大きく使って進もう。
- 空中で姿勢がくずれないように注意しよう。

右側を向いてステップしたら、
また反転して1からくり返そう
6
5
4
マーカーの位置からは
ランニングしよう

8の字アームとは？

腕や骨盤の使い方、さらには跳躍動作の練習にもなる
万能のトレーニングのひとつです。
腕の振りと着地のタイミングを合わせることが大切です。

8の字アーム歩行

動画サイトあり

腕や骨盤の使い方の練習

目安 10～20m ×1～2本

慣れてきたら

手は軽く握り、顔の幅程度の間隔に開けて行おう

初心者の場合

両手が離れないように、がっちりつないで行おう

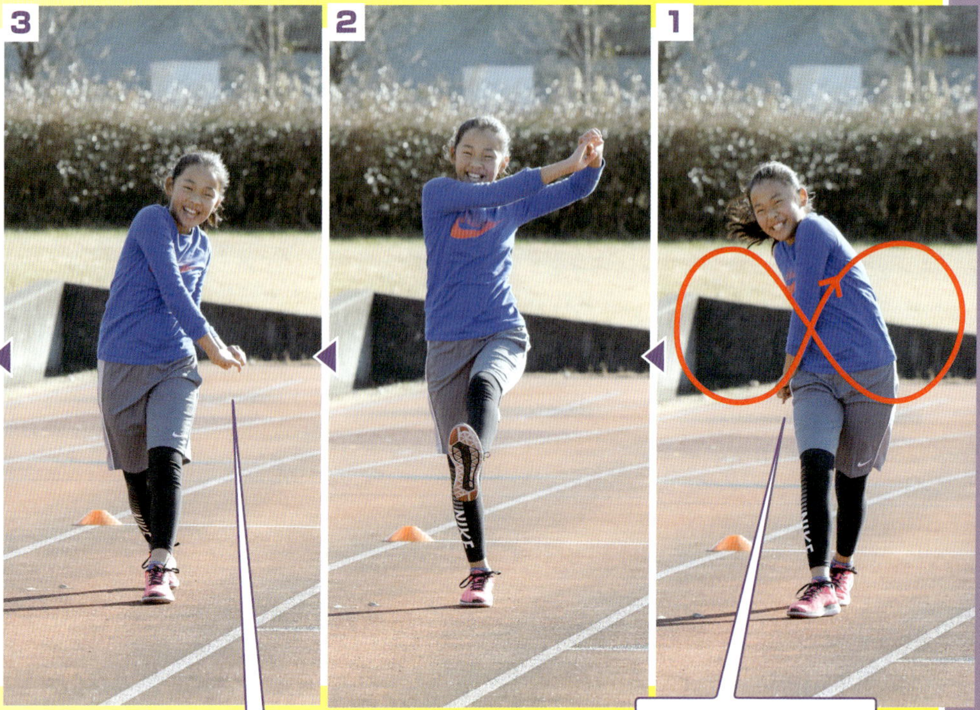

手で8の字を横にした字(∞)を描くように歩こう

大きな8の字を描くイメージで

快足ポイント!

- 腕を大きく使って、ゆっくり歩こう。
- 腕を上げるタイミングで足も一緒に上げよう。
- 腕に引っ張られて、体が傾きすぎないように注意。

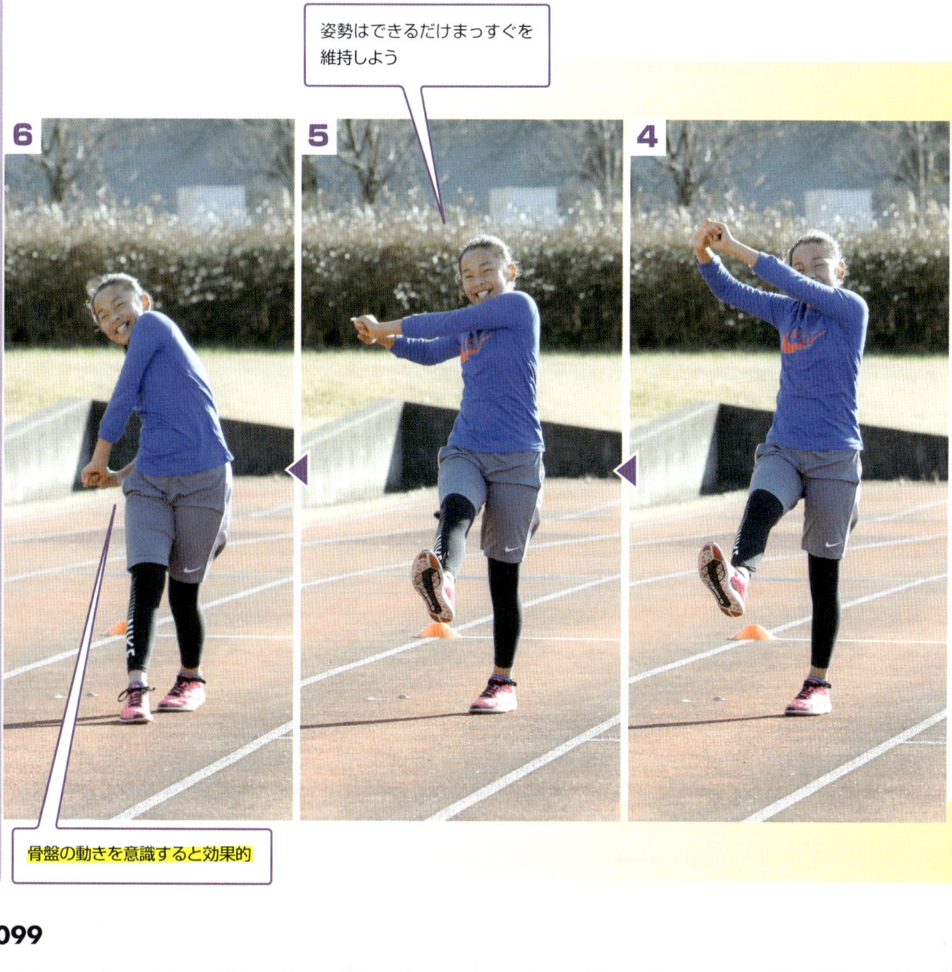
姿勢はできるだけまっすぐを
維持しよう
4
5
6
骨盤の動きを意識すると効果的

8の字アームスキップ

動画サイトあり

腕や骨盤の使い方と跳躍動作の練習

目安

10～20m

×1～2本

8の字アームをしながらスキップしよう

腕とひざのタイミングを合わせるのがコツ

8の字アーム片側強調

動画サイトあり

腕や骨盤の使い方と跳躍動作の練習

目安

10～20m

×左右1～2本ずつ

8の字の片側だけ大きく描いて歩こう

小さな円を描こう

快足ポイント!

・肩や肩甲骨を使って、大きく8の字を作ろう。

肩や肩甲骨も大きく動かそう

大きな8の字になるように腕を動かそう

快足ポイント!

・強調する方の円を描くときに、そちらの側のひざを高く上げよう。

左右反対側の強調も同様に行うこと

大きな円を描くとき、そちらの側のひざを高く上げる

アクティブストレッチとは？

アクティブに体を動かしながら行うストレッチのこと。
柔軟性を高め、筋温を上げてくれるので、運動の前に行うと効果的。
ケガ防止やパフォーマンス向上にもつながります。

つま先タッチ

全身のバネをほぐす

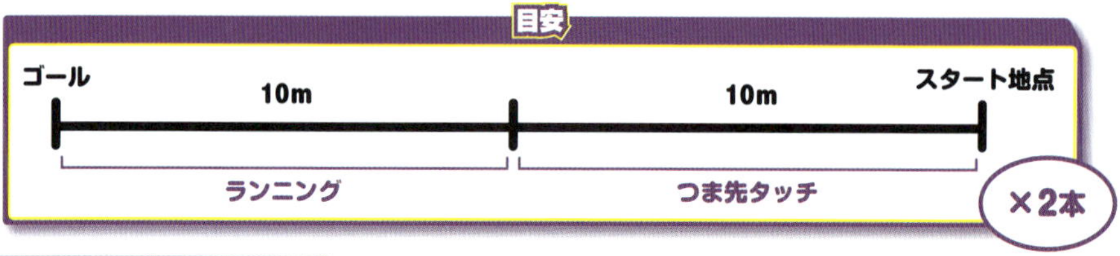

振り上げる足と対角線の腕を上から回すようにタイミングを合わせて胸の高さでタッチしよう

3歩目で足を前に振り上げよう。軸足のひざを曲げないように、足の付け根(股関節)から動かそう

ゆっくり正しい姿勢で2歩歩く

快足ポイント！

- 振り上げた足と対角線の腕をタッチさせよう。
- タッチするときに上半身が丸まらないように注意。
- 足を上げたときに、後ろに傾いたり、ひざが曲がらないように気をつけよう。
- 慣れてきたら、歩行を 2 ステップに変えてやってみよう！

振り上げた足を下ろすときに、
ふらつかないようにしよう

サイドつま先タッチ

全身のバネをほぐす

目安

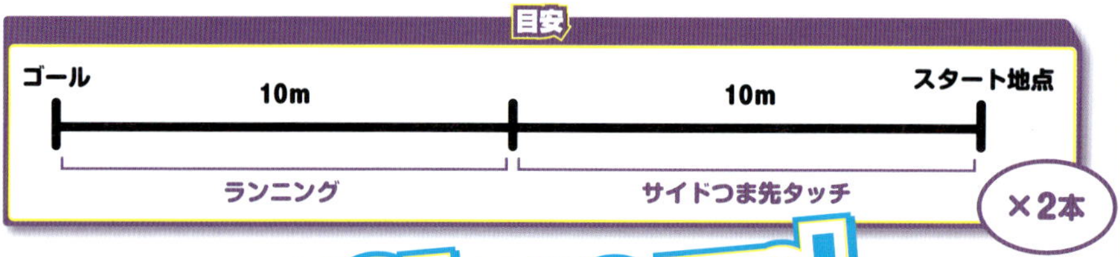

Close up!

肩の高さでタッチ！

3歩目で足を斜め前方に大きく振り上げて、肩の高さで上げた足と同じ側の手でタッチしよう。できるだけ前かがみにならないように気をつけること。

足を振り上げたとき、軸足の足は曲げないようにすること

ゆっくり正しい姿勢で2歩歩く

快足ポイント!

- つま先タッチを意識しすぎて、上体が前に倒れたり、手の位置を下げないように気をつけよう。
- 足を振り上げたときに、軸足のひざが曲がらないように注意。
- 慣れてきたら、歩行を2ステップに変えてやってみよう！

呼吸は止めないで行おう
6
5
4
振り上げた足の反動で、体がふらつかないようにしよう

ハードルウォーク

股関節をほぐす

1
普段歩くスピードで行おう
2
ハードルを越えるイメージで、片足を体の横から前に回し上げるように引き上げよう
3
軸足のひざは曲げないこと
4
上げた足を前に持ってきて、一歩分進む

バックハードルウォーク

股関節をほぐす

1
後ろ向きになり、ハードルウォークとは逆の動きで後ろに進んで行こう
①
2
②
上げた足のひざで、前から横に回し下げるようにするのがコツ
3
4

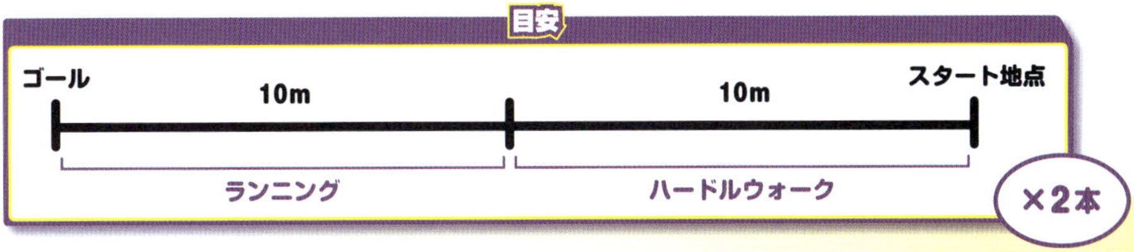

上げた足を回し上げるときに体がふらつかないように、常におへそは前向きにしよう

上げた足のひざをできるだけ横から大きく前に持ってくるイメージが◎

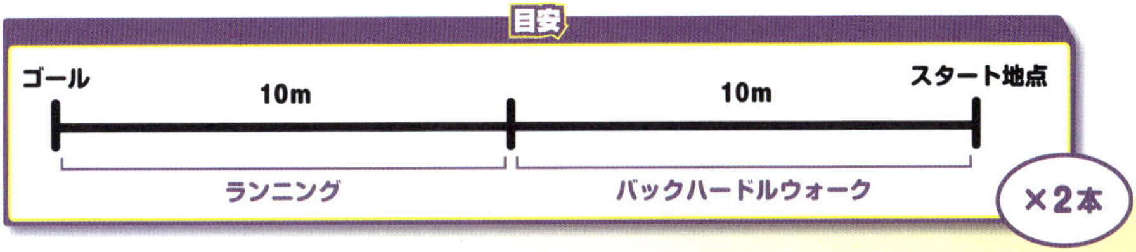

前にしっかりと足を上げよう

ふらつかないように腕でバランスをとりながら、足を大きく動かそう

リズム

足の引き上げと腕振りの練習

目安

右足前・直立・右足横・直立・右足前・直立・左足前・直立・左足横・直立・左足前を2セット

Close up!

軸足はしっかりと！

軸足で地面をしっかりととらえて行わないと、走りの動作につながらないので、フラフラしないよう片足になっても姿勢をくずさないようにしよう。

1 一定のリズムで、足の引き上げをくり返します。まず右足を前に上げよう

2 直立姿勢に戻る

3 今度は右足を横に上げよう

快足ポイント!

- １や３や５の動作の際に、軸足に体重が乗っていないと、連続して同側の足を引き上げることができないので注意。
- リズムだけではなく、姿勢をくずさないように気をつけよう。
- 軽いジャンプ運動から、「両足・片足・両足・片足……」のリズムで小さめの足上げ運動から行うと習得が早まります。

4

直立姿勢に戻る

5

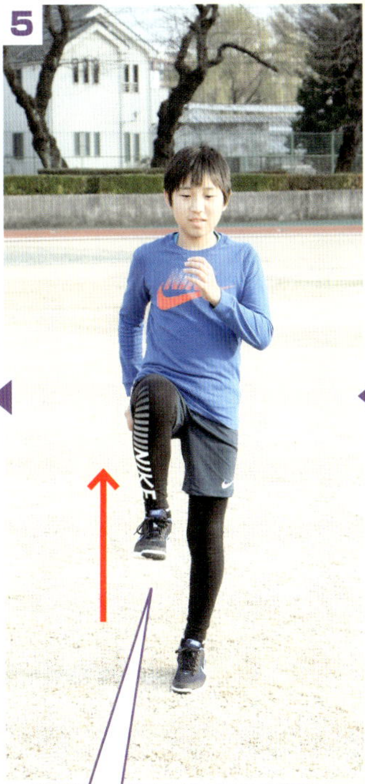

もう一度右足を前に上げよう

6

直立姿勢に戻り、次は左足に変えて1からくり返すのを2セット行おう

ひざ抱え(ニーハグ)

股関節の柔軟性の向上

目安
左右交互に3回ずつ+ランニング10m×2セット

3歩目のときに、片足を上げて、ひざを抱えよう

ゆっくりした歩行からスタート

抱え込みを意識しすぎて上体が前に傾かないように注意

4の字

お尻まわりの柔軟性の向上

目安
左右交互に3回ずつ+ランニング10m×2セット

3歩目で上げた片足の足首を、軸足のひざ上に乗せて中腰になろう

ゆっくりした歩行からスタート

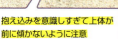

快足ポイント!

・ストレッチのため、ひざを抱え込んだら、頭頂部から真上に引っ張られるように伸びよう。

ひざを抱え込んだとき、軸足のひざが曲がらないように気をつけよう

快足ポイント!

・ひざで 4 の字を作ったら、1 ～ 2 秒をカウントして、しっかりストレッチしよう。

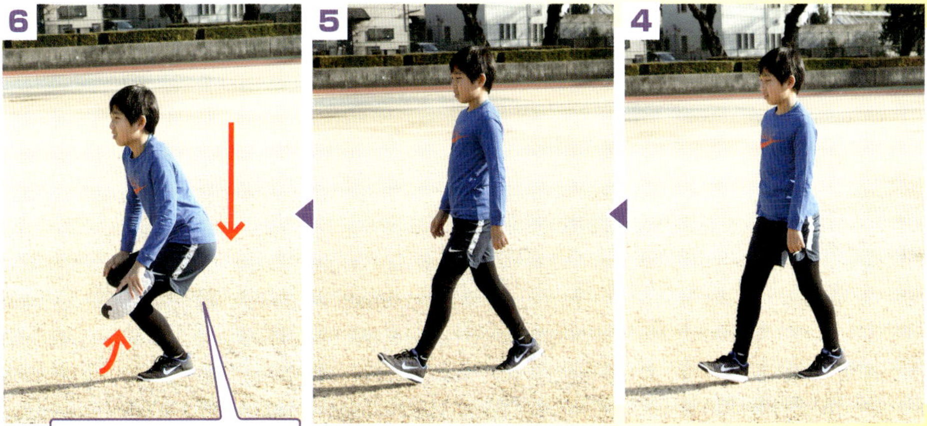

猫背になったり、ふらつかないようにしよう

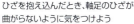

後ろ抱え

大腿部の前面のストレッチ

目安
左右交互に3回ずつ+ランニング10m×2セット

ゆっくりした歩行からスタート

3歩目で浮かせた片足の足の甲を持ち、お尻に引き寄せる。反対側の手は上に伸ばし、バランスをとろう

かかとを上げて、まっすぐ全身を伸ばし、1〜2秒カウントしよう

横ひねり

股関節と脇腹や背中のストレッチ

目安
左右交互に3回ずつ+ランニング10m×2セット

まずゆっくり歩こう

3歩目を前に出し、両手を肩の高さに横に広げよう

前に出した足とは逆の手を上げて、上げた手の側の脇を伸ばそう

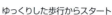

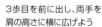

前屈

大腿部の後面のストレッチ

目安
左右交互に3回ずつ+ランニング10m×2セット

ゆっくり歩行し、3歩目で前に出した足を伸ばした姿勢のままつま先をあげよう

背中を丸めすぎないように注意しよう

上体をもとに戻して、歩行を続けてくり返そう

手は後ろから前へ。反動はつけないで、ゆっくり行うこと

快足ポイント!

- しっかりストレッチするため、横ひねりしたら1～2秒をカウントしよう。

腰を落とし、できるだけ手を上に伸ばすのがコツ

コラム 運動前に知っておきたい貧血について

走ると貧血になりやすい!? 正しい知識を身につけよう！

実は走ることと貧血は切っても切れない関係があります。というのも走っているとき、足の裏には体重の2倍以上の負荷がかかっています。そのため足の裏の血管内で赤血球が破壊されて、貧血になりやすくなるのです。

貧血とは、血液中の酸素を運ぶヘモグロビンの濃度が低い状態をいいます。特にスポーツ選手に多いのが、鉄欠乏性貧血。これは食事や休養、トレーニングの強度や量に気を配ることで予防することができます。

厚生労働省が推奨する1日あたりの鉄の食事摂取量は小学1年生で6.5㎎、中学３年生で女子は7.0㎎、男子で9.5㎎です。

鉄分は、ヘモグロビンの材料である「鉄」と「たんぱく質」をとることが大事なので、レバーや牛赤身肉、まぐろ、豆腐、納豆などがおすすめです。また、ビタミンCも一緒にとると、鉄の吸収を高めてくれます。

第5章

スポーツが得意になる体をつくろう

走るだけではなく、スポーツ全般が得意になるために
頭を使いつつ体を動かす練習や、
体幹が鍛えられるトレーニングを紹介します。
体幹トレーニングは室内でもできるのでおすすめです。

協調運動をしよう！

手足を同じように動かす同調運動とは逆に、
手足別々の動作を１つにまとめる運動が協調運動です。
体全体を動かしながら、脳も一緒に刺激してくれます。

手足を一緒に開く・閉じる

目安
10秒間でできる限り速くくり返す

背中が丸まらないように気をつけよう

1

まず背筋を伸ばして、気をつけの姿勢をつくろう。

はじめは間違えないように**ゆっくりでOK**。慣れてきたら、だんだん速くやってみよう！

2

2のカウントで、腕を肩の高さに横に開き、足は肩幅に開く。
そして、1と2を交互にくり返そう。

快足ポイント!

・背筋を伸ばして行ない、だんだん早くできるようにしよう。

手足を逆に開く・閉じる

目安
10秒間でできる限り速くくり返す

背中が丸まらないように、姿勢は常に気をつけよう

1

まっすぐに立ち、気をつけの姿勢をつくる。

2

2のカウントで、腕だけ肩の高さに横に開く。

はじめは間違えないようにゆっくり行い、慣れてきたら速くやってみよう！

3

3のカウントで、腕を閉じ、足を肩幅に開く。その後は、2からくり返す。

手は2拍子、足は3拍子

目安
10秒間でできる限り速くくり返す

手は「開く・閉じる」の2拍子
足は「開く・開く・閉じる」の3拍子で行う

1

手は「開く」
足は「開く」

2

手は「閉じる」
足は「開く」

3

背中が丸まらないように注意しよう

手は「開く」
足は「閉じる」

右手は3拍子、左手と足は2拍子

目安
10秒間でできる限り速くくり返す

右手は「上・横・前」の3拍子、左手は「上・前」、
足は「閉じる・開く」の2拍子で行う

1

まず、右手と左手は「上」、
足は「閉じる」からスタート

2

右手は「横」、左手は「前」、
足は「開く」

3

右手は「前」、左手は「上」、
足は「閉じる」

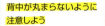

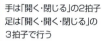

快足ポイント!

・はじめはゆっくりでOK。慣れてきたら速くやってみよう。

4 手は「閉じる」
足は「開く」

5 手は「開く」
足は「開く」

6 手は「閉じる」
足は「閉じる」。1から
またくり返そう

快足ポイント!

・はじめは間違えないようにゆっくりで、慣れてきたら速くやってみよう。

5 右手は「上」、左手は「前」、
足は「開く」

6 右手は「横」、左手は「上」、
足は「閉じる」

7 右手は「前」、左手は「前」、
足は「開く」

8 右手は「上」、左手は「上」、
足は「閉じる」で、また1から
くり返そう

体幹トレーニングをしよう！

体幹とは、広い意味では胴体のことを、狭い意味では胴体の深層部の4つの筋肉（横隔膜、腹横筋、多裂筋、骨盤底筋群）を指します。ここでは特に走りの身体軸を維持するための体幹トレーニングを紹介！

飛行機バランス

目安
5秒静止、逆側も行う

1

手は腰

まず気をつけの姿勢をつくり、手は腰に当てる。

2

横から見たときに
「T」の字になるようにしよう

片足を後ろに伸ばしながら、上半身を前に倒し、
5秒カウントしよう。

3

両腕を左右に伸ばそう

両腕を左右に開き、5秒カウントしよう。

4

両腕を前に伸ばし、5秒カウント。

快足ポイント！

- **背中が丸まらないように注意すること。**
- **上げている足の方に体が傾かないようにしよう。**

走姿勢からの伸び

目安
3セット、逆側も同様に行う

1
浮かせている足と反対の腕が前にくるように、走りのポーズをつくろう
つま先を上げること

1のカウントで、ひざをおへその高さまで上げ、ひざと足首の角度は90度にする。

2
まっすぐ伸びよう！

2のカウントで、腕と足を前後に開き、地面と水平に一直線になるようにする。その後、また1からくり返そう。

快足ポイント！

- ふらつかないように気をつけよう。
- 手足を入れ替えることを忘れないこと。
- 三角足をつくりながら１の姿勢に戻ろう。つま先が下がりすぎないように注意すること。

ガマンカエル

目安
腕や足を浮かせて
3〜5秒停止

1

四つん這いの姿勢から、ひじ・手・足の内側で体を支える。

2

片腕を上げよう

片腕を上げて、10秒カウントする。反対の手も同様に行う。

3

片ひざを上げて、10秒カウントする。
反対の足も同様に。

4

片腕と対角線の片ひざを上げよう

対角線の腕とひざを上げて、10秒
カウント。反対側も同様にする。

Close up!

片ひざを上げよう

片ひざを地面から浮かせよう。片腕も上げたとき、フラフラしないようにすること。

快足ポイント!

- 腰を反らないように気をつけよう。
- 腕やひざを浮かせたことで、姿勢がくずれないように注意。

ダルマ①

目安
5回

1

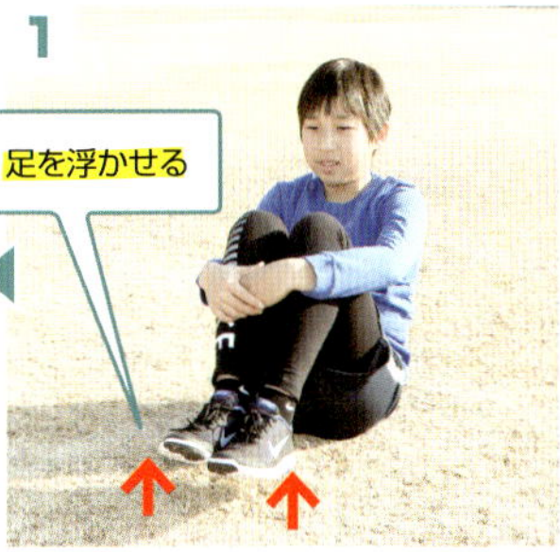

ひざを抱えて座り、足を地面から少し浮かせて、お尻で体を支えよう。

2

勢いをつけて後ろに倒れる。

3

反動で1の姿勢に戻ろう。

ダルマ②

目安
5回

1

ひざを抱えて座り、足を地面から少し浮かせて、お尻で体を支えよう。

2

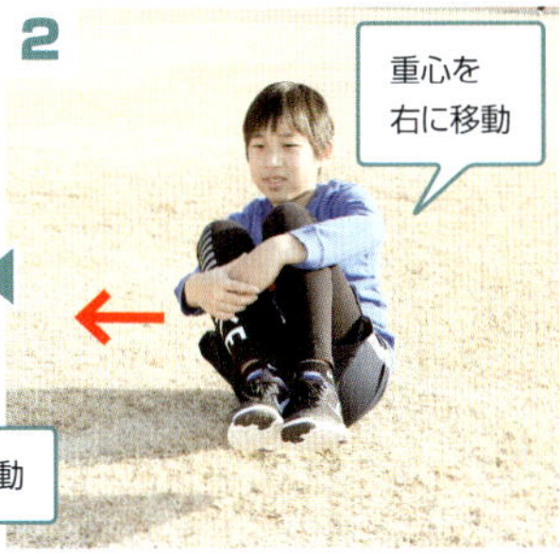

右に体を少し傾け、1～2秒カウントしよう。

3

左に体を少し傾け、1～2秒カウントして、1に戻ろう。

ダルマ③

目安
5回

1

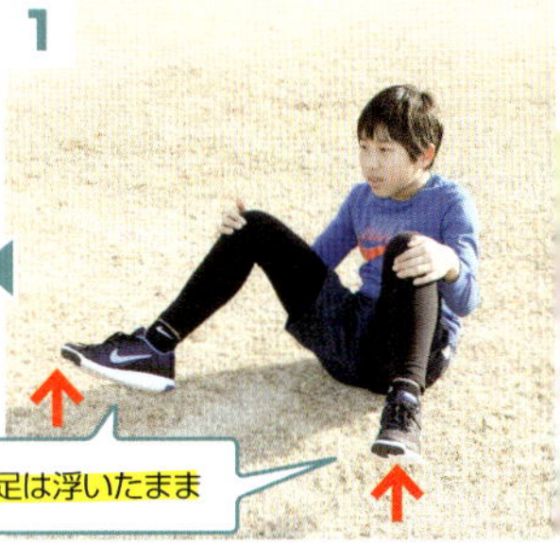

右手で右ひざ、左手で左ひざを抱え、足を開いて浮かせ、お尻で体を支えよう。

2

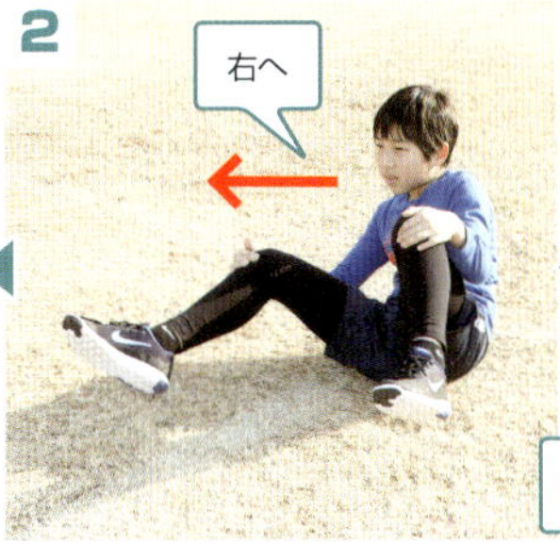

右に少し傾き、1～2秒カウントしよう。

3

左に少し傾き、1～2秒カウントして、1に戻る。

ひじひざ引きつけ

目安：左右5回ずつ

1

ひざも肩幅に開こう

手は肩の下、ひざはお尻の下にくるように四つん這いになる。

2

対角線の腕とひざを地面から浮かせて、ひじとひざを体の下でくっつけよう。

3

まっすぐ伸びる

2でくっつけた手と足をまっすぐに伸ばし、一直線になる。反対側の手足もやること。

Close up!

ひじとひざをタッチ！

対角線のひじとひざ（写真の場合は、右ひじと左ひざ）を体の下でタッチさせよう。

快足ポイント！

- **バランスを取りながらゆっくり行おう。**
- **縮めるところと伸ばすところのメリハリをつけること。**

腕立て

目安
左右各10秒キープ

1
足も肩幅に開く

まず腕立て伏せの姿勢になり、足を肩幅分くらい開ける。

2
片手を伸ばす

片腕を上げて、10秒カウントしよう。反対の手も同様に行おう。

3
片足をアップ！

次に、片足だけを浮かせて、10秒カウントしよう。反対の足も同様に。

4
片手と片足をアップ！

対角線上の腕と足を上げて、10秒カウント。反対側も同様に。

快足ポイント！

- お尻が落ちて腰が反ったり、お尻が上がって、「く」の字にならないように気をつけよう。
- 上げた腕の方に体が傾かないようにすること。

プランク

目安 左右各10秒ずつ

1

両ひじとつま先
で体を支える

腕立て伏せの姿勢から、手ではなく、ひじで体を支える。足は肩幅に開く。

2

片手をアップ！

片手を上げて、10秒カウントする。反対の手も同様に行う。

3

片足をアップ！

片足を上げて、10秒カウントする。反対の足も同様に。

4

片手と片足をアップ！

対角線の手と足を上げて、10秒カウント。反対側も同様にする。

快足ポイント！

- **お腹が落ちたり、お尻が上がったりしないように気をつけること。**
- **グラグラしないように、体の中心を意識するのがコツ。**

ランジウォークをしよう！

「ランジ」とは、主に大臀筋とハムストリングス（太もも裏）に刺激を与えるトレーニングのことで、つまり下半身の筋トレメニューです。下半身を強化して、速く走れる足をゲットしましょう。

ノーマルランジウォーク

目安
10mくらい

正しい直立姿勢からおへその高さまでひざを上げ、ひざと足首を90度にします。

1の姿勢から、大きく前へ踏み出して進みます。次の足を出すときに、後ろ足のくるぶしが逆足のひざの横を通過するように意識しよう。

快足ポイント！

- **前足に重心をかけると、姿勢がくずれやすいので、前後の両足に体重をかけること。**
- **足の入れ替えのときに、腕振りもしっかり行おう。**
- **前ももではなくお尻に効くようにしよう。**

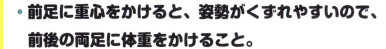

クロスランジウォーク

目安 10mくらい

4
3
2
1
体の正面より
右前へ足を出す
体の正面より
左前へ足を出す

1 右足を引き上げて、右足のくるぶしと左足のひざで三角足をつくりながら走姿勢に。

2 右足を左前に大きく踏み出し、体の前で足がクロスするように歩こう。

3 左足を引き上げたときに方向転換して右の方を向きつつ、1のように左足で三角形をつくろう。

4 左足を右前に大きく踏み出し、1に戻ってくり返す。

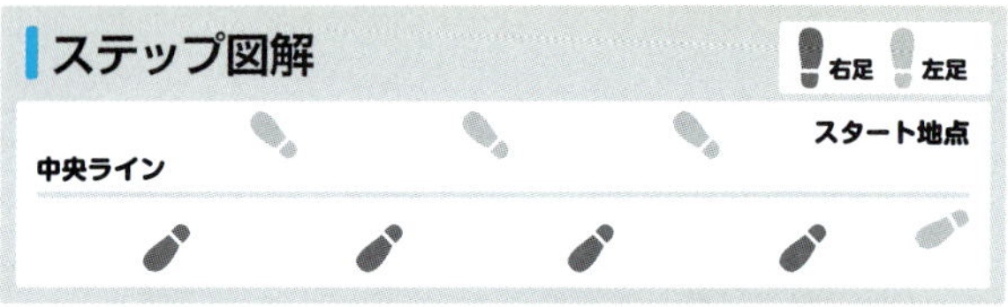
ステップ図解
右足
左足
スタート地点
中央ライン

快足ポイント!

- バランスをくずさないように、体重は前後の足両方にかけよう。
- 腕振りは足の入れ替えるタイミングで行おう。
- 足の動きに上半身が振られないよう、上半身は進行方向を向けよう。

オープンランジウォーク

目安
10mくらい

1

右足を引き上げて、右足のくるぶしと左足のひざで三角足をつくりながら走姿勢に。

2
体の正面から
右前へ足を出そう

右足を右前に大きく踏み出す。

3

2から、後ろ足を前に引き上げたときに、方向を左に向け、左足を上げる。

4
体の正面から
左前へ足を出そう

左足を左前に大きく踏み出す。1に戻ってくり返そう。

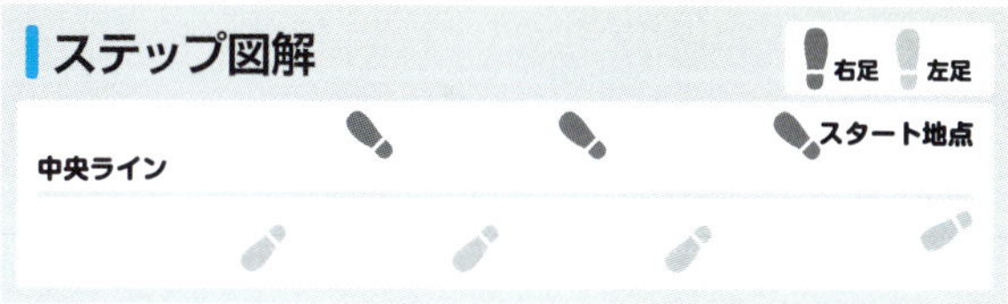
ステップ図解
右足
左足
スタート地点
中央ライン

快足ポイント!

- **体重は前後の足の両方にかけて、バランスをくずさないこと。**
- **腕振りは足の入れ替えのタイミングで行おう。**
- **足の動きに上半身が振られないように、上半身は進行方向に向けること。**

ランジジャンプ① 前後同じ足で着地

目安
左右10回ずつ

1
腕を振って
ジャンプ

足を前後に開いて立つ。

2
ジャンプ

腕を後ろから前へ振り出して、ジャンプする。

3
できるだけ1と同じ
位置に着地しよう

1の姿勢で着地する。

Close up!

腕をしっかり振ろう

ジャンプするときに、腕を下から上へ大きく振ること。それによって弾みが出て、より高く跳べます。

快足ポイント!

- 腕の振り込みのタイミングを合わせてジャンプしよう。
- 上半身が前に倒れないように意識する。

ランジジャンプ② 前後入れ替えて着地

目安
左右10回ずつ

1

足を前後に開いて立つ。

2

すばやく足を入れ替えよう
ジャンプ

後ろの腕を前に振り込み、ジャンプし、足を入れ替える。

3

できるだけ1と同じ位置に着地すること

着地したときには、1とは逆の足が前後になっている。

レベルアップ!

ジャンプしたとき、空中で前後2回入れ替えて、着地は1と同じ足にしてみよう

快足ポイント!

- 腕の振り込みに合わせてジャンプしよう。
- 上半身が前に倒れないように意識すること。
- ただ足を入れ替えるだけにならないよう、ジャンプの高さを意識しよう。

コラム 陸上部・陸上クラブ責任者は指導者資格のある人を選ぼう

子どもを安心して任せるなら指導者ライセンスの有無は重要

「走・跳・投」はあらゆる運動・スポーツの基本です。すべての基本だからこそ、正しいフォームや指導が必要となります。

ただ「走る」だけなら、成長とともに誰もができるようになります。そのため、自己流で誰でも教えられるような錯覚になりがちです。

実はジュニア期は、ただ身体の成長によって記録がよくなっているのか、適切な指導のおかげなのか、判断が難しい時期です。しかし、その子の将来の可能性を伸ばすためには、適切な時期の適切な指導や、運動の基本を知った上での指導が不可欠なのです。

だからこそ専門の指導者には、正しい知識と技術を持っている証、基本をきちんと勉強した証でもある「指導者ライセンス」のある人を選びましょう。陸上競技では、日本陸上競技連盟や国際陸上競技連盟の指導者ライセンスが、安全で確かな資格です。

第6章

楽しさが重要！子どもへの教え方

子どもたちは、指導者の教え方によって
運動が得意にも、逆にスポーツ嫌いにもなります。
「スポーツを安全に、正しく、楽しく」指導し、
子どもたちの未来へつなげていきましょう。

子どもに教えるときの5つのポイント

走り方にコツがあるように、教え方にもコツがあります。走ることや運動に苦手意識を持つ子どもに、どんな風に教えれば、興味を持ち、楽しく練習してもらえるのか。その秘訣を５つのポイントにまとめてみました。ぜひ気軽に実践してみてください。

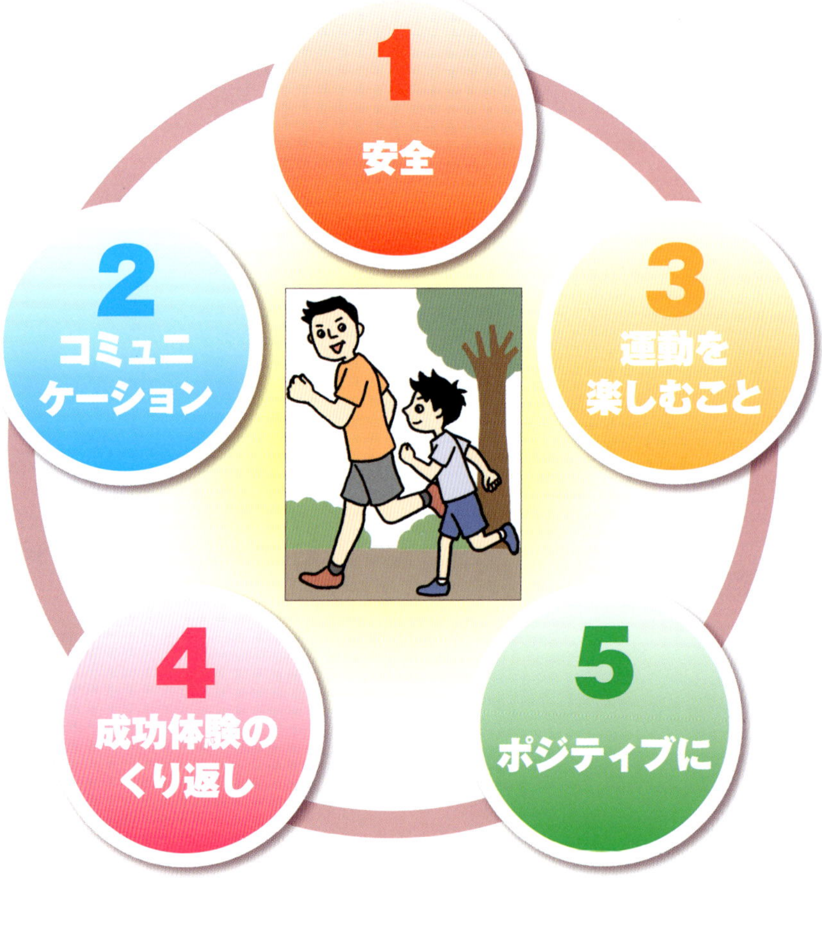
1
安全
2
コミュニケーション
3
運動を楽しむこと
4
成功体験のくり返し
5
ポジティブに

1　最初から最後まで とにかく最優先は「安全」

　走り方や運動を教える前に、大前提としてしっかり確保しておきたいのが「安全」です。「安全」とひと言にいってもいろいろありますが、運動をする上では、以下の３つの安全に気を配るようにしてください。

●場所の安全

1.場所の確保：施設・用具・環境などに配慮すること。

2.声で知らせる：走る前に子どもに声で知らせ、しっかり聞こえているかを確認すること。

3.直前確認：もう一度走る前に、走る動線上やまわりに人がいないかを確認しましょう。

●トレーニングメニューの安全

対象者の特性、年齢（学年）、目標、期間、子どもたちの性格、練習手段（場所・用具・相手など）を考慮してメニューをつくります。

●指導の安全

主役は子どもたちです。指導するうえで、押しつけるような指導はしないようにしましょう。それには、スポーツの本質「楽しみ」を大事にしながら、常に安全を忘れさせないようにします。言葉がけや待機場所、教える側の立ち位置などにも気をつかいましょう。

　これらの安全を常に頭において、子どもたちにベストな環境を整えてあげましょう。

2 子どもとのコミュニケーションはしっかりとりましょう

親が子を教える場合、指示や命令などばかりで、一方通行になってしまいがちです。しかし、それでは子どもはついてきません。子どもとの信頼関係をしっかり結ぶために、ぜひしてほしいことがいくつかあります。

まずは、子どもを名前で呼ぶこと。自分の機嫌がいいときは、ちゃんと名前で呼んでいても、イライラしているときなど、「おい」や「ねぇ」「ちょっと」などと呼んでいませんか？　そういった言葉は今すぐやめて、子どもを一人の人間として尊重し、いつでも名前で呼ぶようにしましょう。

それから、挨拶。「礼に始まって礼に終わる」という言葉がありますが、相手に敬意を示す挨拶は基本です。馴れ合ってしまって、練習がグダグダにならないためにも、練習の前や後には、「よろしくお願いします」「ありがとうございました」とお互いに言える関係になりましょう。

笑顔とアイコンタクトも大切です。子どもの練習がうまくいかなくても、しっかり目を見て、笑顔を心がけてください。できないのは本人が一番わかっているので、怒った顔は厳禁です。

最後に、指導者としての自信を持ちましょう。指導者に自信がないと、子どもたちも不安になってしまいます。事前に本書の動きを予習して、見本を見せてあげながら説明してあげましょう。

3 遊びの要素を取り入れて一緒に運動を楽しもう！

興味のないことには集中しにくい子どもたち。そんな子たちに楽しく練習してもらうには、ゲーム性を持たせるのが一番です。ゲーム性といっても難しいことではなく、ウォーミングアップに全身を使ったじゃんけんをしたり、じゃんけんで勝ったら、負けた人をタッチして、負けた人は逃げていいなどのルールを作って遊んだり。子どもは遊びの天才なので、楽しんでやってくれます。

逆に絶対にやらないでほしいのが、過度な期待をしたり、大会などで失敗したときに「もっとああすればよかった」などネガティブなことを言ってしまうことです。運動を楽しんで、生涯スポーツにつながるような教え方を目指しましょう。

4 「できた！」という成功体験のくり返しが自信に

子どもに楽しく運動をしてもらうためには、練習によってできなかったことが「できた！」という成功体験を積み重ね、自分に自信をもってもらうのが一番です。

そのためには、もう少しで届きそうな目標を設定してあげることが大切です。たとえば「あそこまでクマ（→P68）の動作で15歩で行けたから、次は14歩で行けるようにしよう」など提案してみてください。いきなり10歩だと「えーっ」と言われてしまうので、頑張ればできるかもしれないラインを目標にしましょう。

そして、それができたらしっかりほめることも重要です。ほめるには子どもの動きをしっかり見て観察してあげましょう。

5 ポジティブな言葉がけを心がけましょう

子どもたちのやる気を引き出すには、ポジティブな言葉がけがカギになります。

うまくなろうと頑張って練習している子どもに対して、
「どうしてできないの？」
「早くやりなさい！」
「もっとがんばれ！」
などの言葉は絶対にNGです。親にとっては何気ない言葉だったり、励ましのつもりかもしれませんが、それらの心ない言葉が子どもを追い詰め、最悪、練習嫌いになってしまうかもしれません。

そのためにも、いいところを探してほめたり、励ましたりして、子どもに愛情を注ぎましょう。

ぜひ練習中の子どもに言ってあげてほしい言葉は、
「今の上手にできたね！」
「すごいね！　やればできるじゃん！」
「この調子でがんばろう！」
などがあります。ほめるチャンスを逃さないためにも、しっかり練習を見て、終始ポジティブな言葉をかけてあげてください。

もしもうまくできないところがあるのなら、それを責めずに、「次はこうやってみたら？」などと具体的に前向きな提案をしてあげるのも大切です。

おわりに

できなかったことができるようになる運動の楽しさを子どもに伝えましょう

走るコツさえ身につければ、どんどん速く走れ、運動が楽しくなってくると思います。できなかったことができるようになる喜びや体を動かす楽しさが、本書をきっかけに感じていただけたら幸いです。

練習は大切ですが、ジュニア期の筋トレや長距離走、長時間の練習や多い練習頻度は危険がいっぱいです。運動会までのトレーニングを紹介した1章以外は、毎日行う必要はありません。週に一度など、定期的に体を動かすようにしましょう。

陸上ではジュニア期の記録は世界トップレベルです。しかし、シニアになると日本よりも世界の方が遥かにレベルは高くなってしまいます。このことは、育成指導プログラムが浸透していない日本の大きな課題でしょう。

日本では、ジュニア期の全国大会に見られるように、ジュニア期の成長よりも結果を求め、無理なトレーニングをしている現場が多いのが現状です。しかし、目先の結果にとらわれた勝利至上主義から、選手のことを第一に考える「アスリートファースト」で、子どもたちの発育発達に合わせた指導をすることがとても大切です。

本書が、1人でも多くの子どもたちを笑顔にし、子どもたちの未来につながることを祈っています。

2018年 3月 末日

堀籠佳宏

Profile

堀籠 佳宏《ほりごめ よしひろ》

1981年1月2日生まれ。宮城県出身。専門種目は短距離。宮城県泉館山高等学校、日本体育大学体育学部卒業。日本体育大学専攻科を経て日本体育大学大学院修了。2005年ヘルシンキ世界陸上選手権日本代表、2007年大阪世界陸上選手権日本代表、2008年北京オリンピック日本代表として活躍。現役引退後は、オリンピック強化スタッフ、陸上日本代表短距離コーチ、日本実業団陸上競技連合強化委員などを歴任、日本陸上界の強化にあたる。日本体育協会公認コーチ、国際陸上競技連盟公認コーチ、中学校・高等学校専修教員免許(体育)などの指導資格を保有。2016年リオデジャネイロオリンピックでは、日本陸上競技連盟の日本代表短距離コーチとして、男子4×100mリレーの銀メダル獲得に大きく貢献。全国で陸上教室や講演活動も行い、スポーツの普及活動に力を注いでいる。

ゆめおり陸上クラブ(東京)　http://www.athletics.co.jp/

小・中学生ための走り方バイブル2
1時間で速くなる！ 快足トレーニング編
【DVD付き】

伊東浩司 著　1600円＋（税）

〝1時間で速くなる！ 快足トレーニング〟を収録。6つのステップトレーニングで、体を大きく速く動かして、子ども達の可能性を大きく広げていきます。短時間であっても、的確なトレーニングを行えば、タイムは縮まります。スタートダッシュ法やバトンパス法、50m必勝法など、より実戦的なトレーニングを詰め込んでいます！

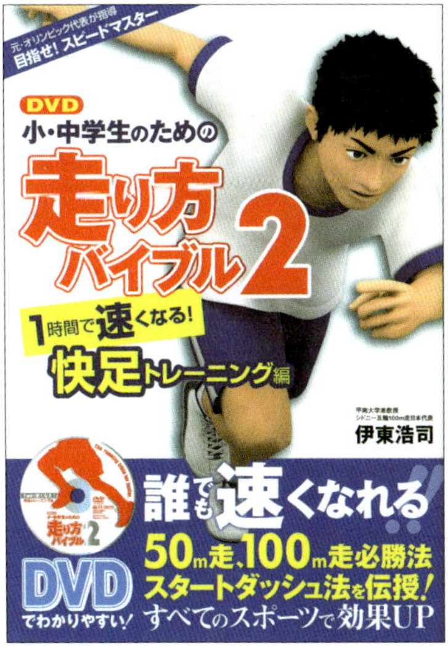

小・中学生のための足がグングン速くなる本
運動会で1等賞になれる！ スポーツで活躍できる！

伊東浩司 著　1500円＋（税）

100m走記録日本記録保持者・伊東浩司氏のメソッドをわかりやすくまとめ、「誰でも必ず速くなれる!!」レッスンを丁寧に紹介しています。走るのが苦手だと思っている子は走るのが好きになり、走るのが得意な子はさらなるスピードアップを図れます。学校では教えてくれない！走り方のコツ実際に効果があったトレーニングを収録!!

デザイン	鈴木えみり（天華堂noNPolicy）、土井敦史（天華堂noNPolicy）
撮影	大関敦
イラスト	峰村友美
構成・編集協力	手塚よしこ（ポンプラボ）、立花律子（ポンプラボ）
編集	滝川昂（カンゼン）
モデル	小笠原大知、仮屋愛優
撮影協力	ゆめおり陸上クラブ

小・中学生のための
運動会で1位になる 速くなる走り方教室

発 行 日　2018年3月20日　初版
　　　　　2018年8月21日　第2刷　発行

著　　者　堀籠 佳宏
発 行 人　坪井 義哉
発 行 所　株式会社カンゼン
　　　　　〒101-0021
　　　　　東京都千代田区外神田2-7-1 開花ビル
　　　　　TEL 03（5295）7723
　　　　　FAX 03（5295）7725
　　　　　http://www.kanzen.jp/
　　　　　郵便為替 00150-7-130339
印刷・製本　株式会社シナノ

ISBN 978-4-86255-452-9
Printed in Japan
定価はカバーに表示してあります。

ご意見、ご感想に関しましては、kanso@kanzen.jpまで
Eメールにてお寄せ下さい。お待ちしております。